스마트폰으로
ENG 방송 프로그램 만들기

이 도서의 국립중앙도서관 출판예정도서목록(CIP)은 서지정보유통지원시스템 홈페이지(http://seoji.nl.go.kr)와
국가자료종합목록시스템(http://www.nl.go.kr/kolisnet)에서 이용하실 수 있습니다.
(CIP제어번호: CIP2018038406)

스마트폰으로
ENG 방송 프로그램
만들기

김도현 지음

한울

차 례

3부
편집의 단계별 이해

4부

연출 시 유의 사항

책을 펴내며

　방송 환경은 급격히 바뀌어 이제 스마트폰으로 방송 프로그램을 제작하는 시대가 되었다. 일반인들도 동영상 촬영 애플리케이션(이하 앱)이 깔린 스마트폰으로 완성도 높은 영상물, 나아가 ENG(Electronic News Gathering) 방송 프로그램까지 만들 수 있게 되었다. 스마트폰은 방송용 카메라 기종(디지털 6mm, DSLR 5D Mark 시리즈)보다 접근성이 뛰어나고 성능 면에서도 결코 뒤떨어지지 않는다. 스마트폰에 액세서리 종류(핸들과 무선마이크, 짐벌)를 장착하면 방송용으로도 사용할 수 있기에 1인 미디어 시대에 적합한 장비라고 할 수 있다. 그리고 동영상 편집 앱을 설치하면 촬영 후 현장에서 바로 스마트폰으로 편집까지 할 수 있으니 간편하기까지 하다.

　대한민국을 전 세계에 알리는 국제방송 아리랑TV는 위성중계기 총 10기를 통해 전 세계 105개국에서 1억 4000만 시청 가구를 확보하고 있다. 아리랑TV에서는 2018년 초부터 스마트폰으로 기자가 혼자 촬영·취재, 스탠딩 리포트를 한 뒤 편집·더빙까지 해서 파일 전송 솔루션인 아스페라(ASPERA)로 방송사에 보내면, 방송사가 자막을 넣고 오디오 레벨을 맞춘 후 방송하는 시스템을 도입했다. 전 세계 어디서든 가장 간편한 촬영 카메라이자 편집기인 스마트폰으로 현장의 소식을 빠르게 전달할 수 있는 기술적 단계가 완성된 것이다.

　필자는 신입 기자들에게 스마트폰으로 촬영·편집하는 법을 1주일 교육하고 뉴스 패키지를 만들어보도록 했다. 짐벌을 이용해 촬영한 뉴스 패키지 화면은 안정적이고 출연자들과 기자의 화면 사이즈도 적당했다. 편집 또한 보기 편하게 구성되었다. 이때 필자는 TBC(대구방송), SBS(서울방송)과 아리랑TV에서 20년 넘게 쌓은 연출 경험을 바탕으로 출간한 『ENG 방송 연출·편집론』(한울아카데미, 2007)과 인천대학교 신문방송학과 겸임교수로서 디지털 영상제작을 가르쳤던 노하우를 신입 기자들에게 가르쳤다.

필자의 강의를 2~3학기 들은 대학생들 중 일부는 전문가에 가까운 촬영과 편집 실력을 발휘하기도 했다. 카메라는 주로 디지털 6mm 카메라를 사용했다. 보통 방송 현장에서는 3~4년이 지나야 아침 방송 같은 기본적인 코너 ENG물을 연출하고 편집할 수 있다. 개인의 역량에 따라 촬영까지 겸할 수 있다.

필자가 두 번째 책을 출간하려고 생각한 것은 기술의 발달과 함께 스마트폰을 ENG 카메라로 사용해도 전혀 문제가 없고, 값비싼 편집기가 없어도 편집을 손쉽고 훌륭히 해낼 수 있는 시대가 왔다는 것을 확연히 느끼면서부터다 . 그래서 방송물 제작에 관심이 있는 일반인들과 학생들에게 촬영과 편집 방법을 쉽고 차근히 알려주는 매뉴얼을 엮고 싶었다. 촬영과 편집에 단계적으로 접근하면서 이해하다 보면 연출은 자연스럽게 따라올 것이다. 이 책을 쓰면서 개인 레슨을 하듯이 쉽고 간단명료하게 설명하려고 최대한 애썼다. 누구든지 이 책을 꼼꼼히 읽고 스마트폰으로 연습하다 보면 일정 수준의 ENG 영상물을 제작하고 있는 자신을 발견하게 될 것이다.

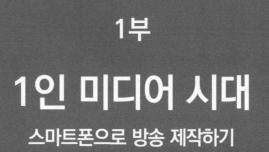

1부

1인 미디어 시대
스마트폰으로 방송 제작하기

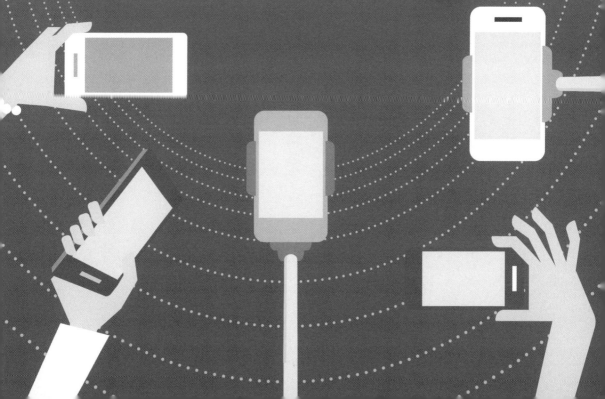

스마트폰은 ENG 카메라의 일종으로 다른 어떤 ENG 카메라보다도 들고 다니기 편리하며, 외장 마이크가 부착된 짐벌(Gimbal)을 달아 조정하면 안정적으로 촬영할 수 있고 깨끗한 오디오를 얻을 수 있다. 고품질 화질, 안정적인 화면, 깨끗한 오디오는 방송 프로그램의 기본 요소다.

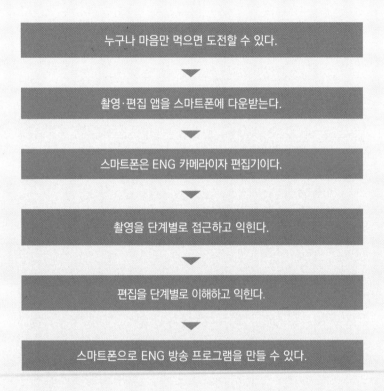

누구나 마음만 먹으면 도전할 수 있다.

촬영·편집 앱을 스마트폰에 다운받는다.

스마트폰은 ENG 카메라이자 편집기이다.

촬영을 단계별로 접근하고 익힌다.

편집을 단계별로 이해하고 익힌다.

스마트폰으로 ENG 방송 프로그램을 만들 수 있다.

01

SNG 시스템의 도래

1. 스마트폰으로 뉴스 패키지를 만들 수 있다

스마트폰으로 기자가 직접 촬영·취재, 스탠딩 리포트를 한 뒤 편집·더빙까지 해서 파일을 이동통신망을 통해 방송사에 보내면, 방송사에서 최종 자막을 넣고 오디오 레벨을 맞춘 후 방송하는 시스템이 도입되었다. 전 세계 어디서든 현장의 소식을 가장 간편한 ENG 카메라인 '스마트폰'으로 촬영·편집해 초고속으로 전달할 수 있는 기술적 단계가 완성된 것이다.

스탠딩 리포트
기자가 카메라를 보고 리포팅하는 것을 의미한다.

2. SNG 시스템

SNG(Smartphone News Gathering)
기자나 VJ가 스마트폰의 영상과 오디오 기술을 활용해 뉴스나 정보를 촬영·방송하는 것을 의미한다.

이 모든 과정을 한 번에

촬영

편집/ 더빙

송신

스마트폰으로 촬영하려면 앱 스토어에 올라온 많은 동영상 촬영 앱 중 하나를 다운 받아 사용하면 된다. 아리랑TV의 경우, 사전 시험을 거쳐 방송 제자에 이용할 프로그램으로 'FiLMiC Pro/Learning Camera View'를 선택해 최신 스마트폰에 설치했다. FiLMiC Pro Camera View 사용자 인터페이스는 고품질 비디오를 촬영하도록 설계되어 있다. 기본적으로 16×9 종횡비의 1080p HD 비디오로 설정되어 있으며 연속적인 동작은 1초당 24fps(영화)으로 움직인다. 비디오 데이터를 기록하는 기본 'FiLMiC Quality' 인코딩 옵션은 애플의 표준 인코딩보다 33% 더 많은 정보를 저장한다.

경우에 따라 굳이 촬영 앱을 설치할 필요는 없다. 스마트폰의 촬영 성능이 급속히 향상되어 방송용 화질에 근접하고 있기 때문이다. 필자는 인천대학교 겸임교수로 신문방송학과에서 강의할 때 대학생들이 각자의 스마트폰으로 촬영하고 그 자리에서 스마트폰으로 편집해서 결과물을 보게 하는데, 기본적으로 화질에 별문제가 없었고 최신 기종의 스마트폰들은 화질이 선명했다. 스마트폰의 장점은 전문적인 조명 기구 없이도 촬영할 수 있고, 인물을 근접 촬영할 때 표정을 잘 살릴 수 있다.

삼각대에 설치된 스마트폰 앞에서 스탠딩 리포트하는 모습이다.

프리앰프가 내장되어 있고 XLR 단자를 지원해 유무선 방송용 마이크로 사용이 가능하다.

3. SNG 전송

1) 뉴스 현장의 라이브와 편집된 영상 전송

IP Bonded Cellular

Cable, Satellite, IP

스마트폰, 태블릿, 랩톱과 같은 모바일 기기로 뉴스를 촬영하고, 기사를 작성·편집·더빙해 4G 또는 향후 5G망으로 곧바로 전송한다.

보도 기자, 시청자들은 TV와 PC 외에 주로 모바일 기기를 사용해 라이브와 VOD 뉴스 생산 및 소비한다.

 아스페라(ASPERA), 나스(NAS), 웹하드(WEBHARD) 등 서비스를 이용해 파일을 전송할 수 있다. 아스페라는 안정적인 파일 전송 솔루션이다.

4. 왜 SNG 시스템인가?

1) 상시 휴대가 가능해 취재 소스를 빠르게 포착할 수 있다

- 사건·사고는 예고 없이 발생한다. 따라서 언제 어디서나 취재를 할 수 있으며, 스토리에 집중할 수 있다.
- 동영상 위치 정보나 촬영일 등 메타데이터가 자동으로 생성된다.

2) 높은 가성비

- 방송 품질을 보증하면서도, 수천만 원대 ENG 카메라와 달리 100만 원대로 SNG 시스템 구성이 가능하다.
- 전 세계 어디에서나 수리·구매가 가능하다.

3) 최고의 영상 품질 기대

- 기술의 발전으로 4K 영상까지 촬영이 가능하고, 현장에서 바로 편집이 가능하다(HD에서 가장 원활).
- 새로운 기능의 앱 등을 추가, 짐벌 및 리그 등과 같은 보조 장비 추가로 촬영 기능을 확장할 수 있다.

4) 촬영, 편집, 전송을 하나의 기기로 구현

- 스마트폰에 최적화된 앱을 통해 촬영하고 편집을 끝낸 뒤 신속하게 전송할 수 있다.
- 속보 뉴스를 제작하는 데 용이하며, 고비용의 전용망이 아닌 LTE, WIFI망을 활용할 수 있다.

02 스마트폰은 ENG 카메라의 일종이다

　스마트폰은 방송사에서 널리 사용하는 ENG 카메라의 일종으로 볼 수 있다. ENG는 Electronic News Gathering의 약자인데, 전자식으로 각종 뉴스를 모은다는 의미다. ENG 카메라의 종류는 다양하고 가격이 천차만별이다. 뉴스나 드라마를 제작하기 위해 카메라 기자나 카메라 감독이 사용하는 ENG 카메라는 수천만 원에서 1억 원이 넘고, VJ(Video Journalist)들이 즐겨 사용하는 DSLR 5D Mark 시리즈는 수백만 원대이다. 널리 알려진 디지털 6mm 캠코더(Sony PD-150과 Sony PD-170)는 예전에 비해 상대적으로 덜 사용되고 있다. 이런 가운데 스마트폰으로 촬영된 영상물이 지상파, 종합편성채널, 케이블 방송국에서 보완적으로 활용되고 있으며, 점차 그 영역을 확대하고 있다.

1. SNG 장비 스마트폰 짐벌(1인 촬영)

- 3축 짐벌을 사용하면 안정적으로 수평을 유지할 수 있다.

- 1회 충전으로 15시간 사용할 수 있는 배터리가 있다(스마트폰도 동시에 충전 가능).

- 연동 촬영과 라이브 스트리밍이 가능하다(DJI APP).

- 액티브 트래킹으로 리포터를 따라 자동 촬영이 가능하다.

- 삼각대 마운팅 지원과 다양한 액세서리의 조합이 가능하다.

- 타임 랩스, 파노라마 등 특수 기능이 가능하다.

- 475g으로 가벼우며, 가격이 저렴하다.

2. 대표적인 ENG 카메라 종류

1976년 미국에서 출시된 RCA TK76은 촬영자 혼자 어깨에 부착하고 촬영할 수 있는 최초의 ENG 카메라이다. 비디오 리코딩 장치와 카메라가 분리된 채 사용되다가, 일체형 ENG 카메라가 1988년에 선을 보였다. 당시 국내 방송사의 카메라 기자들은 BVW-400 기종을 가장 많이 사용했다. 해상도 700클래스의 3CCD 카메라로, 중량은 8~9Kg 정도라 분리형보다 30% 정도 가볍다.

그 후 1997년에 등장한 Sony VX-1000은 6mm DV 테이프를 사용함으로써 기동성이 훨씬 좋아졌다. 이 시기에 VJ(Video Journalist)들이 대거 등장했다.

03

스마트폰으로 편집한다

스마트폰의 가장 큰 장점 중 하나는 동영상 편집 앱을 다운받아 촬영한 영상물을 편집할 수 있다는 것이다. 아리랑TV의 경우 **키네마스터**(KineMaster)를 사용하고 있다. 방송사에서 널리 이용되는 편집기 '파이널 컷 프로(Final Cut Pro)'에 비해 용량이나 기능 면에서 부족하지만, 기본적인 컷 편집으로 비디오와 오디오를 붙일 수 있고, 때에 따라 오디오가 먼저 나오고 몇 프레임 또는 몇 초 뒤에 비디오가 나오도록 편집할 수도 있다. 뉴스 패키지 같은 영상물은 스마트폰 편집 앱으로 편집해도 무난하며, ENG 방송 프로그램도 제작이 가능하다. 스마트폰 편집 앱 기능은 최근의 기술 발전 추세로 보아 더욱 정교해질 것이다.

키네마스터
아이폰, 아이패드, 아이팟 터치, 안드로이드 기기에서 모두 사용이 가능한 비디오 편집 앱이다.

04

SNG 프로그램 제작에
촬영과 편집 노하우를 가미한다

　일반인들은 스마트폰으로 촬영해 SNS와 유튜브에 영상을 올릴 경우, 주로 내용 전달에 초점을 맞춘다. 스마트폰은 화각이 넓고 가정용 조명으로 촬영해도 화질이 나쁘지 않기 때문에 보는 사람이 불편하지는 않지만, 그 내용을 지루하게 여길 수 있다. 방송 전문가들이 중요시하는, 호기심을 유발하는 촬영과 편집이 이루어지지 않았기 때문이다.

　스마트폰에 동영상 촬영 앱을 설치하고 핸들과 무선마이크, 짐벌 같은 액세서리를 부착하면 전문가들이 사용하는 디지털 6mm 카메라나 DSLR 5D Mark 시리즈 카메라 못지않은 성능을 갖출 수 있다. 여기에 촬영·편집 노하우가 가미되면 일반인이라도 ENG 방송 프로그램 제작에 도전할 수 있다. 촬영할 때 단계별로 어떻게 접근하고, 편집할 때 단계별로 어떻게 이해하는지 차근차근 알아가다 보면 ENG 방송 프로그램을 만드는 흐름을 익힐 수 있다.

　ENG 방송 프로그램은 다음 과정을 거쳐 완성이 되는데, 각 단계가 유기적으로 연결되어야 시너지 효과를 볼 수 있다.

　대략적인 흐름을 짜는 구성 단계부터 얼마의 기간이 지난 뒤 어떤 형태로 완성될지,

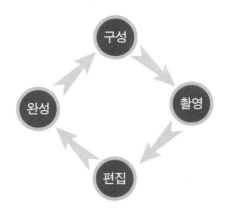

어디서 누구와 촬영할지, 촬영 단계에서 촬영되는 샷들이 어느 단락에서 어떻게 편집될지, 편집 단계에서 무슨 내용이 내레이션 원고에 들어갈지, 어떤 음악이 어느 부분에 어울릴지를 촬영자나 연출자는 생각해야 한다. 처음 영상물을 만드는 사람은 이런 감이 거의 없다. 하지만 한 편씩 영상물들을 만들다 보면 주제에 맞게 흐름을 맞출 수 있고, 단계별로 일어날 수 있는 일을 예측할 수 있다. 이 과정이 반복될수록 촬영자나 연출자의 예측 속도는 더욱 빨라지고, 예측대로 완성될 가능성이 높아진다.

필자는 연출을 하면서 경험으로 체득한 방법을 반복적으로 적용해 수백 편의 ENG 방송 프로그램을 만들었다. 특히 SBS의 〈순간포착, 세상에 이런 일이〉의 코너 ENG물을 연출했을 때 높은 시청률을 맛보았다. 1998년부터 1999년까지 〈순간포착, 세상에 이런 일이〉의 평균 시청률은 14~16%였다. 같은 시간대인 저녁 7시의 다른 공중파 3개 채널(MBC, KBS1, KBS2)과 비교해도 최고의 시청률이었다. 필자는 그 기간 동안 코너 ENG물 90편 정도를 연출했고, 평균 15~35%의 시청률을 꾸준히 유지했다. 방송 프로그램의 시청률이 15%라고 하면, 방송 시작부터 끝날 때까지 15%라는 의미는 아니다. 당시 〈순간포착, 세상에 이런 일이〉의 타이틀에 이어 광고가 나오고 본 내용으로 들어갈 때까지 1~2%, 첫 번째 코너와 두 번째 코너가 8~12%, 세 번째 코너와 네 번째 코너가 20~35%가 되어 평균하여 15% 전후의 시청률이 나오는 것이다.

스마트폰으로 촬영해 영상물을 만들려면 촬영자가 연출자의 시각도 갖추고 있어야 한다. VJ를 생각하면 쉽게 이해될 것이다. VJ는 연출자로서 촬영하고 편집해 방송용 ENG물을 만든다. 일반적으로 촬영 구성과 편집 구성을 할 때 구성작가와 협의하고, 구성작가가 내레이션을 쓴다. 대표적인 예가 KBS의 프로그램 〈VJ특공대〉이다.

스마트폰 촬영자가 ENG 방송 프로그램을 만들려면, 앞의 그림과 같은 과정을 거쳐야 한다. 촬영자가 혼자서 다 할 수도 있지만, 지인들이 있다면 분업할 수 있다. 그건 선택의 문제다.

제작의 흐름과 내용의 전개는 누구라도 생각할 수 있다. 하지만 ENG 방송 프로그램을 완성하기 위해서는 촬영과 편집을 어떻게 하는지 알아야 한다. 어떤 ENG 카메라를 사용하든 촬영·편집 노하우는 변하지 않는 근간이다. 스마트폰으로 촬영과 편집을 하더라도 그 방법은 똑같다.

촬영·편집 노하우를 하나씩 익히다 보면 연출 노하우의 감을 잡을 수 있다. 촬영과 편집과 연출은 따로 떼어 생각할 수 없는 관계이다. 무언가를 연출한다는 것은, 무언가를 촬영해 편집한다는 것이다.

아이템 선정
만들고 싶은 아이템을 선정하고 주제를 잡는다.

촬영구성안
어떤 식으로 서론 → 본론 → 결론을 전개할지 정리한다.

촬영할 주인공, 장소, 관계자를 섭외한다.

촬영
장소는 하루에 2곳 정도로 잡고, 너무 무리한 일정을 잡으면 안 된다.

편집구성안
보통은 촬영 후에 기존 구성이 바뀌고 후반 작업이 시작된다.

편집

완성
자막, 내레이션과 음악을 넣는다.

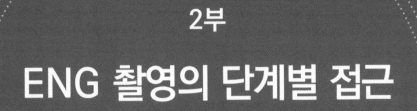

2부

ENG 촬영의 단계별 접근

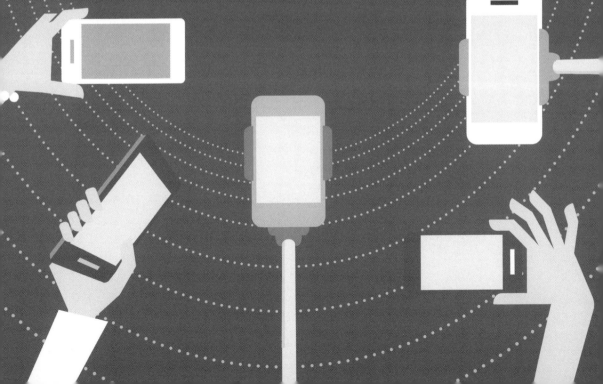

01

1단계 접근
ENG 촬영을 위한 샷의 개념 이해

촬영을 하기 위해서는 우선 샷의 개념을 이해해야 한다. 샷이란 카메라로 촬영하는 하나의 단위를 말한다. 이는 곧 장면(Scene)의 최소 단위가 되며, 여러 샷이 모여 장면이 되고, 장면이 모여 시퀀스(Sequence)가 된다. 그리고 피사체를 보는 관점과 피사체의 수에 따라 샷의 종류가 나뉘고, 카메라와 피사체의 눈높이 차이에 따라 카메라 앵글의 종류가 나뉜다. 피사체는 인물, 동물, 사물, 건물, 다리, 산, 들, 강 등 눈에 보이는 대상이라 생각하면 된다.

중요한 것은 하나하나 촬영해보면서 다양한 샷의 의미를 체득해야 한다는 점이다. 피사체가 인물이 될 때 헤드 룸(Head Room)과 루킹 룸(Looking Room)을 얼마나 둘지는 촬영을 해보지 않고는 쉽게 가늠할 수 없다.

1. 샷의 종류

샷의 종류는 피사체를 보는 관점과 그 수에 따라 달라진다. 연출을 하려면 촬영자에게 화면 사이즈에 대해 잘 설명해주어야 한다. 예를 들면 인물을 버스트 샷으로 촬영해달라고 할 때 두 손으로 머리끝과 가슴의 위치를 지정해줄 필요가 있다.

방송물 제작에 관심이 있는 사람들은 스마트폰으로 다양한 종류의 샷을 촬영하면서 화면사이즈에 대한 느낌을 가져보면 도움이 될 것이다.

1) 피사체를 보는 관점

롱 샷(Long Shot)

익스트림 풀 샷(Extreme Full Shot)이라고도 하는데, 카메라가 먼 거리에서 피사체가 되는 인물, 산, 강, 건물 등을 전체적으로 보여주는 샷을 말한다. 카메라 샷 중에서 화면 사이즈가 가장 크다.

카자흐스탄 알마티시의 서민아파트 주변

소양강댐

카자흐스탄 수도 아스타나에 있는 대통령궁 주변으로, 해가 질 무렵 모습이다.

풀 샷(Full Shot)

피사체가 인물인 경우, 인물의 머리끝에서 발끝까지 전신을 담은 샷이다. 주로 피사체와 연관된 배경을 함께 촬영하는 것을 말한다.

풀 샷 크기가 좀 더 큰 풀 샷

니 샷(Knee Shot)

피사체가 인물일 때 쓰는 용어로, 인물의 무릎 밑에서 머리끝까지를 담은 샷이다.

웨이스트 샷 (Waist Shot)

피사체가 인물일 때 쓰는 용어로, 인물의 허리에서 머리끝까지 담은 샷이다.

버스트 샷 (Bust Shot)

피사체가 인물일 때 쓰는 용어로, 인물의 가슴부터 머리끝까지 담은 샷이다.

클로즈업 샷 (Close-up Shot)

피사체가 인물일 경우, 얼굴 또는 신체의 일부분을 클로즈업 하는 샷이다.

미디엄 샷 (Medium Shot)

- 화면에 담는 범위가 풀 샷과 클로즈업 샷의 중간 정도인 샷이다.
- 경우에 따라서는 웨이스트 샷 또는 버스트 샷이 미디엄 샷이 될 수 있다.

빅 클로즈업 샷 (Big Close-up Shot)

- 클로즈업된 부분이 좀 더 확대된 샷이다.
- 피사체가 인물일 경우 눈, 코, 입, 손가락 등을 찍는 샷이 이에 해당된다.

클로즈업

빅 클로즈업

빅 클로즈업

빅 클로즈업

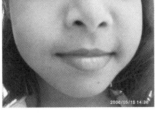
빅 클로즈업

오버 더 숄더 샷 (Over the Shoulder Shot)

두 사람이 있을 경우, 어깨 너머(드라마에선 목선과 귓불 너머)로 피사체를 보는 샷이다. 두 사람 사이의 거리감을 느끼게 한다.

풀 샷

오버 더 숄더 샷

오버 더 숄더 샷

2) 피사체의 수에 따라

원 샷(One Shot)

피사체가 인물인 경우, 화면에 1명이 있다.

투 샷(Two Shot)

피사체가 인물인 경우, 화면에 2명이 있다.

쓰리 샷(Three Shot)

피사체가 인물인 경우, 화면에 3명이 있다.

포 샷 (Four Shot)

피사체가 인물인 경우, 화면에 네 명이 있다.

촬영 위치

그룹 샷 (Group Shot)

2. 카메라 앵글(Camera Angle)

수평 앵글 (Eye level)

피사체가 인물인 경우, 카메라 앵글을 인물의 눈높이에 맞춰 촬영하는 구도다.

하이 앵글 샷 (High Angle Shot)

카메라 앵글이 위에서 아래로 향하는 구도다. 피사체가 인물인 경우, 인물을 실제보다 낮게 또는 미약해 보이도록 할 때 주로 사용된다.

로 앵글 샷 (Low Angle Shot)

카메라 앵글이 아래에서 위로 향하는 구도다. 피사체가 인물인 경우, 인물을 실제보다 높게 또는 크게 보이도록 할 때 주로 사용된다.

3. 카메라 워크(Camera Working)

픽스 샷(Fix Shot)

카메라 위치를 고정해 촬영하는 샷이다.

카메라 위치

피사체

팬(Pan)

카메라를 왼쪽 또는 오른쪽으로 수평으로 움직인다. 풍경 등을 파노라마와 같이 처리한다는 의미로서 파노라마 뷰(Panoramic View)의 약칭이다.

줌 인(Zoom In), 줌 아웃(Zoom Out)

줌 인은 화면의 사이즈를 점차 좁혀 작게 하는 것이고, 줌 아웃은 화면 사이즈를 점차 넓혀 크게 하는 것이다.

카메라 위치

카메라 위치에서 최대로 줌 인 한 사이즈

틸트 다운 (Tilt Down), 틸트 업 (Tilt Up)

틸트 다운은 카메라의 움직임을 위에서 아래로 주는 것이고, 틸트 업은 카메라의 움직임을 아래에서 위로 주는 것을 의미한다.

달리 인 (Dolly In), 달리 아웃 (Dolly Out)

달리는 카메라를 장착한 채 이동하면서 촬영할 수 있도록 설계된 바퀴 달린 이동차이다. 평평한 바닥일 경우 트랙을 따로 설치 안 해도 되니 달리를 이용해 촬영한다. 달리 인은 카메라를 전방으로 이동하면서 피사체의 움직임을 잡는다. 피사체가 고정되어 있을 때는 줌 인과는 또 다른 역동적인 느낌을 준다. 달리 아웃은 카메라를 후방으로 이동하면서 피사체의 움직임을 잡는다. 시청자는 카메라 렌즈를 통해 피사체가 멀어지는 느낌을 받는다.

트래킹 (Tracking)

기차의 양 레일과 같은 궤도 위를 카메라가 앞뒤 또는 좌우로 움직이는 카메라 기법이다. 레일 위를 카메라가 장착된, 바퀴가 달린 이동차를 이용해 움직인다. 방송 제작 현장에서 말하는 트래킹 샷은 달리는 차 안에서 바깥 풍경을 촬영하는 것을 의미한다. 이동하거나 고정되어 있는 피사체를 카메라가 주로 옆에서 쫓아가면서 촬영한다.

알마티시에서 300km 떨어진 달티고란시로 가는 도중에 자동차 안에서 촬영한 카자흐스탄의 스텝 지역이다.

4. 헤드 룸(Head Room)과 루킹 룸(Looking Room)

헤드 룸(Head Room)

피사체가 인물인 경우, 인물의 머리끝과 화면 상단 사이의 빈 공간을 말한다. 화면 안 인물의 크기로 헤드 룸의 길이를 잡아야 한다. 인물을 크게 잡으면 잡을수록 헤드 룸의 길이는 짧아진다.

잘된 예

잘못된 예

루킹 룸(Looking Room)

피사체가 인물인 경우, 인물이 카메라를 보지 않고 특정한 곳을 보거나 가리킬 때, 인물 앞의 공간을 말한다. 화면을 3분의 1로 분할해 인물을 되도록 중앙이 아닌 오른쪽 또는 왼쪽에 세우는 것이 좋다. 루킹 룸이 인물의 머리 뒤편 공간보다 좁으면 시청자가 답답해할 것이다.

잘된 예

잘못된 예

5. 촬영 자세

다른 장비를 사용하지 않고 오로지 손으로만 촬영하는 것을 말한다. '데모치'라는 일본말을 쓰기도 한다.

ENG 카메라 핸드 헬드 촬영   디지털 6mm 카메라 핸드 헬드 촬영

트라이포드(Tripod) 촬영

삼각대를 놓고 안정적으로 촬영하는 것을 말한다.

디지털 6mm 카메라 트라이포드 촬영

02

2단계 접근
팬, 틸트 다운, 틸트 업 촬영

팬, 틸트 다운, 틸트 업 기법으로 촬영해본다.

화면을 잡는 단계를 지나 카메라에 움직임을 주기 시작하는 단계이다.

이 과정에서 움직이지 않고 촬영하는 홀드를 3~4초 정도 습관적으로 두는 것이 좋다. 홀드 된 장면은 편집할 때 용이하게 사용된다. **촬영을 잘 해야 편집이 잘 된다. 어떻게 편집될지를 알고 촬영하면 전문가가 된다.** 그러기 위해서는 좋은 촬영 습관을 익혀야 한다.

홀드 → 팬 → 홀드

홀드 → 틸트 다운, 틸트 업 → 홀드

팬과 틸트 다운, 틸트 업의 촬영 속도는 일정해야 하고, 촬영 길이는 피사체의 수와 크기에 따라 달라질 수 있지만 3~4초 정도가 적당하다.

1. 첫 화면과 끝 화면의 구도와 앵글을 생각해야 한다

 팬, 틸트 업/틸트 다운, 줌 인/줌 아웃할 때, 첫 화면과 끝 화면의 구도와 앵글을 생각해야 한다. 그리고 첫 화면에서 끝 화면으로 움직이는 팬, 틸트 업/틸트 다운, 줌 인/줌 아웃의 속도는 일정해야 한다.

일반적으로 초보 ENG 카메라 감독이나 디지털 6mm 카메라 촬영자는 팬, 틸트 업/트 다운, 줌 인/줌 아웃을 할 때 움직임이 불안하다. 팬 할 때 옆으로 얼마만큼 가서 멈춰야 할지, 틸트 업 할 때는 얼마만큼 올라가야 하는지, 줌 인 할 때는 얼마만큼 들어가서 멈춰야 하는지 잘 모른다. 그렇다 보니 팬, 틸트 업/틸트 다운, 줌 인/줌 아웃의 속도가 불규칙해진다. 첫 화면은 천천히 시작되다가 끝 화면에서 성급히 마무리되는 경우, 움직이다가 잠시 멈추고 다시 움직이는 경우, 움직임에 떨림이 있는 경우가 생긴다.

첫 화면과 끝 화면의 구도와 앵글을 생각하고 팬, 틸트 업/틸트 다운, 줌 인/줌 아웃을 하면 카메라 움직임의 불안함을 다소 해소할 수 있다. 적어도 어디서 시작해 어디서 끝나야 하는지를 알기 때문이다. 그리고 시작점과 끝점 사이의 카메라 속도는 일정해야 한다.

풀 샷 → 줌 인 → 투 샷

풀 샷 → 줌 인 → 원 샷

2. 팬과 틸트 다운/ 틸트 업의 길이

팬과 틸트 다운/업 길이는 피사체 수와 크기에 따라 달라질 수 있지만 3~4초 정도면 적당하다. 원 신(One Scene), 원 샷(One Shot) 등 의도적으로 길게 찍는 경우가 아니라면, 실제로 편집되는 대부분의 컷(Cut)은 10초를 넘는 경우가 드물다. 팬, 틸트 다운/틸트 업, 줌 인/줌 아웃 등과 같이 움직임을 주는 샷은 홀드를 포함해 시작해서 마칠 때까지 평균 5~7초로 편집하는 것이 바람직하다.

필자는 디지털 6mm 카메라 촬영자와 함께 아라비아 반도의 아랍에미리트 두바이시에 촬영을 간 적이 있다. 두바이 관광 때문에 아랍에미리트 여행사를 방문했을 때 촬영자가 1층 로비의 모습을 삼각대를 사용하지 않고 손으로 움직이면서 카메라를 약 180도로 천천히 팬하는 것을 봤다. 결국 이 샷은 사용되지 않았다. 팬이 너무 길고, 카메라 움직임도 안정적이지 못했다.

다음 사례는 카자흐스탄 부동산 열풍에 관련된 촬영으로, 달티고란시에 있는 축구 경기장 리모델링 현장을 촬영한 것 중 한 부분이다. 좋은 카메라 팬을 얻기 위해 촬영자가 위치를 달리해보았다.

1) 카자흐스탄 달티고란시 축구 경기장

운동장에서 관중 스탠드로 팬 한다.

시작점과 끝나는 점의 방송된 길이는 약 7~8초 정도다. 관중 스탠드가 넓고 컸기 때문에 샷 3이 방송되었다. 피사체의 크기에 따라 팬이 되는 길이가 정해진다.

샷 1

카메라가 팬이 되는 각도를 최대한 줄이기 위해 관중석 가까이 가서 촬영했다.

팬을 시작했으나 관중석이 화면에 다 들어오지 않았다.

샷 2

샷 1보다 카메라 위치를 오른쪽으로 조금 더 옮겨 보았다. 결과는 비슷했다.

샷 3

샷 2보다 카메라 위치를 오른쪽으로 더 옮겼다. 팬이 되는 길이는 다소 늘어났지만, 관중 스탠드를 보기
좋게 잡을 수 있었다.

방송된 화면

3. 홀드 → 팬 → 홀드에서 홀드는 3~4초 정도 습관적으로 찍는 것이 좋다

 홀드는 삼각대를 놓고 촬영할 때나 손에 들고 촬영할 때 카메라가 움직이지 않는 것을 말한다.

　홀드 → 팬 → 홀드에서 홀드는 3~4초 정도 습관적으로 찍는 것이 좋다. 팬을 하거나
틸트 다운/틸트 업을 하기 전과 후에 습관적으로 3~4초 정도 홀드를 주면 편집할 때 상
당히 유용하다. 편집할 때 두 개의 홀드 샷과 하나의 팬 샷을 개별적으로 사용할 수 있기
때문이다. 그리고 팬 다음 홀드가 안정적으로 되어 있다면 팬 다음 홀드 1초를 두고 다
음 장면으로 쉽게 편집할 수 있다. 일반인들은 스마트폰으로 촬영할 때 팬 다음 홀드를
주지 않고 쉽게 끊는 경향이 있다. 그럴 때 직접 다음 컷을 한 번 붙여보길 바란다. 편집
앱이 있는 스마트폰으로 직접 해보면 팬 다음 적어도 1초의 여유가 있는 게 얼마나 중요
한지 실감할 것이다.
　필자가 1부에서 언급한 편집 앱 키네마스터의 경우 일반인들이 쉽게 편집 기능을 익

2부 **ENG 촬영의 단계별 접근** 47

힐 수 있다. 필자는 인천대학교 겸임교수로 대학생에게 강의할 때 스마트폰으로 촬영한 뒤 바로 편집해 공유한다. 뭐가 잘못되었는지를 실감케 하고 개선점을 쉽게 제시할 수 있기 때문이다.

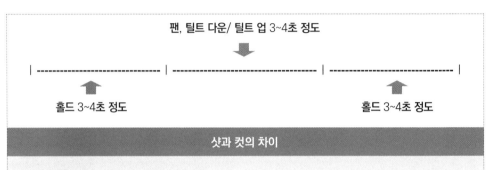

샷과 컷의 차이

샷(Shot)
카메라로 촬영하는 하나의 단위를 말한다. 이는 곧 장면(Scene)의 최소 단위가 되며, 여러 샷이 모여 장면이 되고, 장면이 모여 시퀀스(Sequence)가 된다.

컷(Cut)
방송 프로그램을 편집할 때 주로 사용하는 용어로 장면의 최소 단위다. 여러 컷이 모여 장면이 되고, 장면이 모여 시퀀스가 된다.

03

3단계 접근
ENG 촬영의 4가지 방법

촬영은 크게 4가지 방법으로 한다.

- 🖉 피사체를 고정하고, 카메라도 고정한다.
- 🖉 피사체를 고정하고, 카메라를 움직인다.
- 🖉 피사체를 움직이고, 카메라를 고정한다.
- 🖉 피사체를 움직이고, 카메라도 움직인다.

1. 피사체를 고정하고, 카메라도 고정한다

 인터뷰를 할 때 주로 이 방법을 사용한다.

다음 사례는 아리랑TV, 〈A Plus〉(ENG + 스튜디오, 60분) a+Now 코너로 방영되었던 '카자흐스탄 부동산 열풍'의 한 부분이다. 카자흐스탄 알마티시에 있는 부동산 회사 사장과의 인터뷰로 필자가 연출했다.

Sony DSR-PD 170

와이어리스 마이크

와이어리스(Wireless) 마이크는 주로 인터뷰이에게 채우거나 근처에 놓아둔다.

1) 인터뷰이가 처음부터 끝까지 질문자를 보게 한다

질문자가 제일 주의해야 할 점이다. 인터뷰이의 시선이 딴 곳으로 가지 않도록 당부해야 한다. 인터뷰를 아무리 잘 해도, 인터뷰 중간이나 끝날 때 카메라를 보거나 시선을 딴 곳에 두면 인터뷰를 다시 해야 한다. 인터뷰이는 주로 머리에서 허리까지 화면에 담기 때문에 시청자들은 인터뷰이의 눈동자 움직임을 쉽게 볼 수 있다. 실제로 인터뷰이의 눈동자 움직임은 시청자의 눈에 띄고 거슬린다. 하지만 인터뷰이는 그런 점을 잘 모르기 때문에 연출자는 이를 구체적으로 설명하고 이해시켜야 한다.

인터뷰이를 찍는 일반적인 화면 크기

일반적인 인터뷰이 화면 크기보다 클수록 인터뷰이의 눈동자 움직임이 더 쉽게 포착된다. 최근 방송에서는 가슴부터 머리까지 나오는 인터뷰가 늘고 있다.

2) 질문자는 인터뷰를 할 때 중간이나 끝을 끊으면 안 된다

질문자가 두 번째로 주의해야 할 점이다. 인터뷰이의 목소리에 질문자의 "예", "아니오" 하는 음성이 담겨서는 안 된다. 인터뷰이가 아무리 말을 잘 해도 질문자가 그 말이 끝나기 전에 다음 질문을 한다면 그 영상은 사용할 수 없다. 편집하기에 상당히 까다롭기 때문이다. 질문자의 음성을 없애다 보면 인터뷰이의 모습도 삭제될 수 있기 때문이다.

그래서 연출자는 표정으로 대답을 해야 한다. 맞으면 고개를 끄덕이고, 설사 인터뷰이가 원하는 답을 말하지 않더라도 연출자는 웃음을 잃으면 안 된다. 연출자는 싫으나좋으나 항상 살며시 웃는 것이 좋다.

3) 인터뷰이를 최대한 편안히 대해주어야 한다

강압적이거나 어색한 분위기에서는 절대로 좋은 인터뷰가 나올 수가 없다. 평소에 아무리 인터뷰를 잘하는 사람일지라도, 연출자가 원하는 답을 쉽게 얻을 수는 없다. 연출 경력이 짧은 연출자일수록 원하는 내용을 빨리 얻으려고 한다. 그렇다 보니 무의식 중에 자신의 의도를 인터뷰이에게 강요하게 된다.

필자가 〈순간포착 세상에 이런 일이〉의 코너 ENG물을 연출하던 초창기에 모 지방 검찰청에 근무하는 30세 안팎의 검사를 인터뷰한 적이 있다. 무려 30분 동안 질문을 바꾸어가며 원하는 답 하나를 얻었는데, 당시에 검사가 들였을 수고는 생각하지도 않고 소기의 목적을 달성했다며 만족해했던 기억이 있다. 지금 돌이켜보면 초짜의 미숙함으로 생각된다.

4) 처음에는 인터뷰이의 말을 듣는 것이 좋다

촬영하러 간 연출자가 인터뷰이보다 해당 내용에 대해 더 잘 알 수는 없다. 대상자가 전문가일수록 연출자는 더 경청해야 한다. 의학, IT, 역사 등 전문가의 머리에 든 지식을 연출자들이 따라잡을 수 없기 때문이다. 연출자는 원하는 답이 있더라도 백지 상태에서 새롭게 듣는다는 자세로 임해야 한다. 연출자의 의도가 너무 강하면 기이한 프로그램이 되고 만다. 연출자는 언제나 중도의 입장을 취해야 한다.

5) 가끔 연출자가 인터뷰이의 말을 정리해줄 때가 있다

이는 인터뷰이의 말을 충분히 들은 후에야 가능하다. 인터뷰이가 말한 내용이 아무리 좋더라도 전부 사용할 수는 없다. 보통 30초 전후로 인터뷰를 자르는데, 인터뷰이의 말을 편집하기 어렵겠다고 판단되면 연출자가 개입해야 한다. 인터뷰이에게 충분히 설명하고 느긋한 마음을 갖게 해야 한다. 특히 실내에서 조명 아래 인터뷰할 때 인터뷰이는 긴장하기 마련이다. 물론 햇빛을 보면서 하는 실외 인터뷰도 마찬가지다.

6) 인터뷰 중간에 틈틈이 여유를 주어야 한다

인터뷰가 한 번만으로 끝날 수도 있지만 대부분은 그렇지 않다. 처음에는 경청하는 데 시간을 들여야 하고, 인터뷰이의 대답이 막힐 때는 휴식 시간도 주어야 한다. 인터뷰이의 눈을 부시게 하고 얼굴에 땀을 맺히게 하는 조명은 인터뷰할 때만 켜도록 하며, 인터뷰를 하지 않을 때는 인터뷰이가 편안하게 쉬도록 배려해야 한다. 연출 경력이 짧은 사람일수록 이런 세심한 부분을 간과하기 쉽다. 연출자는 늘 역지사지(易地思之)의 마음을 가질 필요가 있다. 연출자가 인터뷰이의 입장이 되어보면 인터뷰이의 감정과 인터뷰의 내용을 좀 더 이끌어낼 수 있을 것이다.

7) 인터뷰할 때는 주변 질문들을 하다가 핵심 질문을 해야 한다

처음부터 연출자가 원하는 질문을 던지면 안 된다. 인터뷰이들은 보통 긴장을 하고 있기 때문에 처음부터 매끄럽게 말을 꺼낼 수 없다. 그러므로 방송에는 사용되지 않을 소소한 이야기부터 시작해 인터뷰이가 적응할 수 있도록 도와야 한다. 100미터 달리기 선수가 달리면서 탄력을 받아 막판에 속도를 높이는 것처럼, 긴장해서 생긴 볼과 입가의 주름이 풀어졌을 때 질문을 해야 한다. 대화하듯 던진 질문에 자연스럽게 응하는 모습이 방송에 가장 적합하기 때문이다.

2. 피사체의 움직임이 없을 경우, 카메라를 움직인다

ENG 방송 프로그램에서 많이 사용하는 촬영 방법이자 연출 방법이다. 큰 ENG 카메라보다는 스마트폰과 같은 작은 ENG 카메라가 인물의 생각이나 느낌을 더 효율적으로 잘 잡아낸다.

1) 움직이지 않는 피사체를 카메라로 틸트 다운/틸트 업 한다

> 🖙 예: 앉아 있는 사람의 발끝에서 얼굴까지 틸트 업 한다.

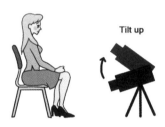

ENG 카메라를 삼각대에 놓고, 앉아 있는 사람의 발끝에서 얼굴로 안정적으로 움직이며 촬영한다.

2) 움직이지 않는 피사체를 카메라가 설치된 트랙 또는 달리로 인/아웃 한다

> 🖙 예: 1970년대에 스티븐 스필버그가 제작한 〈죠스〉를 보면, 튜브에 몸을 맡기고 정적으로 있는 사람에게 식인상어가 빠르게 접근한다. 상어에 물리기 직전의 긴박한 느낌을 주기 위해 카메라가 장착된, 트랙 위의 이동 장비를 배우에게 빠르게 접근시키면서 줌 아웃 했다. 줌 아웃의 속도는 트랙 인의 속도에 맞추어야 한다. 조금의 차이로 긴박한 느낌이 달라질 수 있다.

이 방법은 드라마나 영화, 많은 제작비가 들어가는 다큐멘터리에 이용된다. 하지만 7~15분 분량의 짧은 ENG 방송 프로그램에는 잘 사용하지 않는다.

3) 움직이지 않는 대상(피사체)을 핸드 헬드 된 카메라로 촬영한다

ENG 방송 프로그램은 보통 핸드 헬드로 촬영된다. 뉴스 카메라 기자가 사용하는 ENG 카메라보다 DSLR 5D Mark 시리즈 카메라나 디지털 6mm 카메라로 촬영할 때, 핸드 헬드 기법을 더 많이 사용한다. 가볍고 크기가 작기 때문이다. 스마트폰으로 촬영하면 근접성 면에서 더 좋은 효과를 얻을 수 있다. 이 책을 읽으면서 실습을 해보면 좋겠다. 필자의 강의를 듣던 대학생들과 기자들은 스마트폰으로 촬영할 때 처음에는 인물과 거리를 두고 촬영하는 경향이 많았다. 일반인들도 마찬가지라 본다. 스마트폰은 줌 인을 하는 데 불편하기 때문에 인물에 가능한 한 근접해서 촬영해야 인물의 표정을 살릴수 있다. 줌 인과는 확연히 다른 생동감이다.

> ✐ 예: 카자흐스탄 알마티시에 있는 부동산 회사의 사무실 전경을 스케치했다. 앉아서 근무하는 사람의 모습과 컴퓨터 모니터를 핸드 헬드 방식으로 촬영했다.

3. 카메라가 움직일 수 없는 경우, 피사체를 움직인다

이는 필자가 후배 카메라 감독이나 후배 연출자에게 즐겨 쓰는 말로, 좀 더 풀어서 말하면 다음과 같다.

카메라를 움직일 수 없을 때는 대상을 움직이고, 대상을 움직일 수 없을 때는 카메라를 움직여라.

이는 연출자가 예상치 않았던 상황을 헤쳐 나갈 때 필요한 문구로, 독자들이 명심하면 좋겠다. 촬영을 하다 보면 카메라를 움직일 수 없는 경우가 생긴다. 촬영 장소가 매우 좁거나 의도적으로 카메라의 움직임을 줄 필요가 없을 때다. 이런 경우에는 피사체를 움직이도록 해 화면 안의 움직임을 활발히 한다.

1) 촬영 장소가 매우 좁은 경우

카메라를 좌에서 우로 팬 하는 각도나 위아래로 움직이는 각도가 작아, 팬과 틸트 다운/틸트 업이 제 역할을 못하는 경우이다.

✏ 예: 아주 좁은 방에서 한 사람이 카메라 앞으로 와서 탁자 위에 책을 놓고 나간다.

ENG 카메라 위치: 테이블 앞

움직임이 자유로운 소형의 디지털 6mm 카메라보다 크기가 두 배 이상인 ENG 카메라가 이 경우에 더 적당하다. 촬영할 때 주의할 점은 탁자로 다가오는 출연자의 얼굴에 초점을 잘 맞춰야 한다. ENG 카메라의 포커스 링(Focus Ring)을 수동으로 움직이면 된다.

2) 의도적으로 카메라의 움직임을 주지 않는다

    화면을 고정하고 인물들에게 움직임을 줄 때 사용하는 방법이다. 풀 샷이 촬영할 때 주로 사용된다. 정적인 화면을 의도하지 않는 이상, 대개는 화면에 활기가 있는 것이 낫다.

> ✎ 예: 카자흐스탄 알마티시에 있는 코트라(KOTRA) 사무실
> 필자가 방문한 때는 늦은 오후라 내방객이 없어 조용했다. 다음 촬영도 있어 내방객을 기다릴 여유가 없었다. 사무실 직원 중 1명을 내방객으로 설정해 다음과 같은 동작을 구체적으로 부탁했다. 전문 배우들이 아니기 때문에 동작의 움직임을 이해시키는 것이 중요하다.

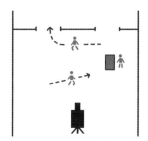

디지털 6mm 카메라 위치: 카자흐스탄 코트라 사무실 문 앞

    내방객으로 설정된 분홍색 재킷의 여직원이 오면 데스크에 앉아 있던 검은색 옷의 여직원이 일어나 반갑게 맞이해주라고 했다. 그리고 조끼를 입은 남자 직원에게는 내방객이 오면 손에 든 파일을 보면서 왼쪽 사무실로 들어가라고 했다. 드라마 연출법 중 하나를 사용한 것이다. 이 장면은 카자흐스탄 코트라 사무실의 풍경을 보여주기 위해 건물 외경 다음에 나오는 편집 컷으로 사용되었다. 뒤이어 사무실 안에서 일하는 직원들의 모습을 보여주었다.

4. 피사체가 움직일 때 카메라도 움직인다

 화면 안의 움직임을 가장 활발히 보여주는 방법이다.

화면 안의 움직임을 가장 활발히 보여주는 방법으로 움직이는 피사체를 따라 카메라를 움직인다. 만약 카메라가 움직이는 피사체와 반대로 움직이면 시청자 눈에 거슬릴 수 있다.

1) 팬 또는 틸트 업/틸트 다운 하며 피사체를 따라간다

사람이 가는 방향으로 카메라를 움직이면 아주 자연스러운 느낌을 시청자에게 줄 수 있다. 하지만 사람이 가는 방향과 반대로 카메라를 움직이면, 화면 속 움직임이 부자연스럽게 전달된다.

① 카메라로 팬 하면서 대상을 따라간다

예: 아리랑TV의 〈A Plus〉(ENG+스튜디오, 60분) 8·15 특집, '조국을 잃어버린 사할린 한인들'(ENG, 30분)의 한 부분이다. 촬영 장소는 사할린 최남단 코르사코프항에 있는 망향의 언덕이다. 필자와 출연자가 움직이면서 장소를 보여줬다.

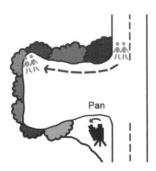

디지털 6mm 카메라 위치: 움직이는 사람들의 시작점과 끝점이 보이는 곳

디지털 6m 카메라를 이용해, 중간에 끊지 않고 원 샷으로 촬영을 했다. 촬영 길이는 10초 정도였다. 긴 원 샷이었지만 지루하지 않았다. 시청자들이 망향의 언덕 주변 경관과 코르사코프항을 시원하게 감상하도록 했기 때문이다.

② 카메라를 틸트 업 하면서 대상을 따라간다

☞ 예: 아리랑TV의 〈A Plus〉(ENG+스튜디오, 60분) 8·15 특집, '조국을 잃어버린 사할린 한인들'의 한 부분으로, 촬영 장소는 안산 고향마을의 물리치료실이다. 사할린에서 영주 귀국한 할아버지와 할머니를 위한 곳으로, 물리치료사 1명과 할아버지와 할머니 3~4명이 계셨다. 심전도 장비가 있는 카트를 밀고 가는 물리치료사를 따라가며 물리치료실 전체를 보여줬다. 치료받는 곳이 칸막이로 되어 있고, 할아버지와 할머니는 칸막이 안에 놓인 침대에 누워 계셨다.

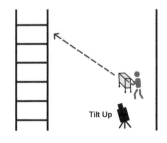

디지털 6mm 카메라 위치: 물리치료실 문 바로 앞

클로즈업 ⇒ 카메라 틸트 업 ⇒ 풀 샷

물리치료실에 물리치료사가 1명밖에 없었기 때문에 간단한 동작을 부탁할 수 있었다. 물론 출연자들이 4~5명까지 있어도 특별한 변수가 발생하지 않는 이상 통제가 가능하다. 치료사에게 심전도 장비가 있는 카트를 밀고 앞으로 가라고 했다. 피사체를 화면의 중심에 두기 위해서였다. 동선을 간단히 알려줌으로써 화면 안의 움직임이 살아났다. 화면 속의 사람이 움직이면서, 클로즈업 샷에서 풀 샷으로 변화되는 느낌을 주었다 . 줌 아웃을 하지 않았지만 물리치료사는 등을 보이며 자연스레 멀어졌다.

2) 피사체의 움직임을 따라 트랙 또는 달리로 따라간다

 빠르게 움직이는 피사체를 카메라로 따라가는 방법이다. 역동적인 느낌을 준다.

다음 사례는 필자가 플로리다 주립대학교 대학원 영화학과에서 연출한 〈Chasing〉(필름, 6분)의 한 부분이다. 도망치는 주인공을 첫 사진에 나오는 자동차 뒷좌석에서 16mm 영화 카메라로 촬영했다. 주인공이 달리는 속도에 맞춰 자동차를 운전했다. 트랙이나 달리(이동차) 대신 자동차를 이용한 것이다. 필자는 이 작품에서 16mm 카메라 감독도 맡았다.

3) 피사체의 움직임을 따라 핸드 헬드로 따라간다

피사체가 멈춰 말을 할 때 카메라는 얼굴이 잘 보이는 곳에서 멈춰야 하고, 피사체가 손으로 한 방향을 가리키면 그쪽을 카메라에 담아야 한다. 중간에 끊지 않고 원 샷으로 촬영한다.

✏ 예: 아리랑TV의 〈A Plus〉(ENG+스튜디오, 60분) 8·15 특집, '조국을 잃어버린 사할린 한인들'의 한 부분이다. 촬영 장소는 사할린의 서쪽에 위치한 홀름스크(Kholmsk) 항구에서 내륙 방향으로 30km 정도 떨어진 곳이다. 1945년 8월 22일, 한국인 27명이 일본인들에게 학살당했다.

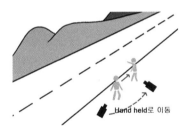

Hand held로 이동

디지털 6mm 카메라 위치: 시작점은 텅 빈 도로, 끝점은 위령비가 서 있는 언덕이 보이는 곳이다.
박 회장이 화면 안으로 프레임 인 한 뒤, 말을 시작한다.

사할린 한인회 회장 박해룡 씨가 말을 하면서 자연스럽게 언덕을 향해 몸을 조금 돌린다.
박 회장 정면을 찍던 카메라도 옆으로 움직여 박 회장이 손가락으로 가리키는 언덕으로 향한다. 그다음 줌 인 한다.

박 회장이 학살된 한인 27명의 명복을 비는 위령비가 서 있는 장소를 손짓으로 필자에게 알려준다. **필자에게 하는 설명이 마치 시청자에게 설명하는 것과 같은 느낌을 준다.** 필자는 의도적으로 박 회장을 텅 빈 도로가 보이는 화면에 프레임 인 시키고, 설명하며 위령비가 있는 곳을 손으로 가리키게 했다.

박 회장은 화면으로 걸어 들어와 "여기 우리가 와 있는 곳이 홀름스크 구역인데, 동네 이름을 미즈호라 했다. 한인들이 많이 살았는데 제2차 세계대전 후 27명이 총살당한 곳이다"라고 말하면서 위령비가 있는 언덕을 손으로 가리켰다. 디지털 6mm 카메라로 박 회장의 움직임을 따라가면서 촬영했다. 박 회장이 말을 하다가 몸을 오른쪽으로 돌렸을 때 카메라도 박 회장 옆으로 움직였다. 그리고 말이 끝날 무렵 위령비가 있는 언덕을 줌 인 했다.

 필자가 잘 쓰는 연출 방법이다. 그냥 서서 말로 설명하는 것보다 훨씬 역동적이다. 이 전 장면은 사할린 평원을 트래킹 샷으로 보여주었고, 이 후 장면은 수풀을 헤치고 위령비가 있는 곳으로 걸어 올라가는 것이었다. 연속해 붙는 세 개의 샷이 움직여 느낌이 살아났다.

일반적으로 사람을 따라갈 때는 걸어가는 다리를 촬영하다가 틸트 업 한 후 좀 더 따라가다가 멈춰야 하며, 중간에 끊지 않고 원 샷으로 촬영해야 한다. 이렇게 촬영하는 이유는 매끄러운 편집을 위해서이다. 움직이는 장면 다음에 움직이는 장면을 붙이면 동적인 느낌이 이어진다. 그리고 장면의 시작을 걸어가는 다리에 둔 것은 클로즈업된 컷이 전 장면과 쉽게 연결되기 때문이다. 이 책 3부 '편집의 단계별 이해'를 보면 쉽게 이해될 것이다.

☞ 예: 아리랑TV의 〈A Plus〉(ENG+스튜디오, 60분) 8·15 특집, '조국을 잃어버린 사할린 한인들'의 한 부분이다. 박 회장이 언덕 위에 있는 위령비를 설명하고 난 다음, 일행과 함께 그곳으로 걸어 올라가는 모습이다.

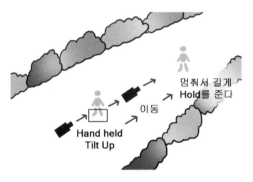

디지털 6mm 카메라 위치: 걸어가는 앞사람의 다리를 시작점으로 하고, 멀어져 가는 두 사람의 뒷모습을 끝점으로 한다.

걸어가는 다리를 촬영하다가 틸트 업 ➡ 뒷모습을 따라가다가 홀드 ➡ 두 사람이 멀어진다.

여기서 중요한 점은 걸어가는 다리와 멀어지는 두 사람을 3~4초 동안 촬영해야 한다는 것이다. 편집을 할 때 걸어가는 다리는 긴 원 컷의 시작점이 될 가능성이 높지만, 경우에 따라 독립적인 원 컷도 될 수 있다. 장면의 길이가 2초 이상이면 편집 컷으로 무난하기 때문이다.

04

4단계 접근
편집하기 쉬운 ENG 카메라 위치

만일 피사체가 사람이나 동물처럼 움직임이 있다면, 같은 카메라 위치에서 같은 방향으로 보는 피사체의 사이즈를 변화하면 안 된다. 첫 번째 샷을 정면에서 찍었다면 두 번째 샷은 우측 또는 좌측(90도 각도)으로 이동해 촬영해야 한다.

1. 주의해야 할 카메라 위치와 앵글

움직임이 있는 피사체를 같은 카메라 위치에서 같은 방향으로 촬영하면, 피사체의 화면 사이즈를 다양하게 주더라도 촬영된 샷들을 연결해 편집하기 어렵다. 편집점이 점프 컷처럼 툭 튀어나와 보이기 때문이다.

점프 컷(Jump Cut)
점프 컷은 '장면의 급전환'으로 연속성이 갖는 흐름을 깨뜨리는 편집을 말한다. 촬영된 샷들을 연결하는 과정에서 의도적으로 편집을 하여 튀어 보이게 하는 형태로 동일 피사체의 행위를 촬영한 후 중간중간을 잘라내고 이어붙이면 시간을 압축한 효과를 낸다.

1) 움직임이 있는 원 샷을 같은 카메라 위치에서 잡는다

🖎 예: 인도 뭄바이의 어느 동네

샷 1	샷 2
머리에서 발끝의 풀 샷으로 원 샷을 잡는다.	머리에서 허리의 웨이스트 샷으로 원 샷을 잡는다.

↑
디지털 6mm 카메라

↑
디지털 6mm 카메라

아이가 손을 움직였기 때문에 샷 1에서 샷 2로 컷 편집 하면 툭 튀어 나오는 느낌을 받는다.

2) 움직임이 있는 투 샷을 같은 카메라 위치에서 잡는다

✎ 예: 카자흐스탄 구(舊) 수도 알마티시의 어느 아파트 단지 내 풍경

샷 1

머리에서 발끝까지 풀 샷을 투 샷으로 잡는다. 벤치에 앉아 고개와 손을 조금씩 움직이는 할아버지와
손자를 정면에서 잡는다.

↑
디지털 6mm 카메라

샷 2

머리에서 허리까지 웨이스트 샷으로 투 샷을 잡는다.

↑
디지털 6mm 카메라

 드라마처럼 할아버지와 손자에게 같은 동작을 주문하지 않는 한, 샷 1에서 샷 2로 컷 편집할 때
툭 튀어 나오는 느낌을 준다.

3) 움직임이 있는 그룹 샷을 같은 카메라 위치에서 잡는다

☞ 예: 알마티시의 어느 아파트 단지 내 풍경

↑
디지털 6mm 카메라 위치

샷 1	샷 2
풀 샷으로 그룹 샷을 잡는다.	샷 1보다 작은 풀 샷으로 투 샷을 잡는다.

↑
디지털 6mm 카메라

↑
디지털 6mm 카메라

샷 3

↑
디지털 6mm 카메라

머리에서 무릎까지 투 샷을 잡는다.

드라마처럼 남자아이들에게 같은 동작을 주문하지 않는 한, 샷 1에서 샷 2, 샷 2에서 샷 3으로 컷 편집할 때 100% 툭 튀게 보인다.

2. 편집하기 쉬운 카메라 위치와 촬영 순서

ENG 촬영을 오래하다 보면 공식과 같은 ENG 카메라의 위치와 촬영 순서를 알게 된다. 촘촘한 그물로 물고기를 잡듯 웬만한 종류의 앵글과 장면을 확보할 수 있다.

1) 피사체가 자리는 옮기지 않으면서 몸짓을 할 때

- 1명, 2명 또는 그룹, 촬영 대상자의 숫자가 틀려도 촬영 접근법은 같다.
  움직임이 있는 촬영 대상자를 90도 각도로 앞과 옆에서 ENG카메라(디지털 6mm 카메라 또는 스마트폰) 위치를 잡는다. 상황에 따라 75~85도 각도에서 피사체의 표정과 행동을 촬영할 수 있다.
  화면 사이즈를 확실히 변화시켜야 한다. 앞에서는 풀 샷과 같은 넓은 사이즈로 화면을 잡고, 옆에서는 버스트 샷으로 잡으면 무난하게 편집할 수 있다

☞ 예: 남녀 3명이 나무 밑에서 맥주를 마시고 있다.

앞에서 풀 샷으로 4초 이상 홀드 한다.

샷 1에서 90도 각도 위치로 카메라를 이동시켜 3명 중 1명을 잡는다. 홀드는 항상 4초 이상 주는 것이 좋다. 카메라 위치상 왼쪽의 남자를 원 샷으로 잡는다.

만일 남자와 여자를 투 샷으로 잡으면 샷 1에서 샷 3으로 편집하기는 어렵다. 3명 샷을 풀 샷으로 잡았다가 2명 샷으로 컷 편집을 하면 대상자의 움직임이 너무 잘 띄기 때문이다. 컷과 컷이 부드럽게 넘어가는 것이 잘된 편집이다.

만일 촬영 대상자들이 5명 이상이라면 투 샷으로 컷 편집 해도 무난하다. 첫 번째 샷의 촬영 대상자 수에 따라 두 번째 샷의 촬영 대상자 수가 정해진다.

사례 1 '소외된 아이들의 아버지, 프란시스 신부님'

아리랑TV, 〈A Plus〉(ENG+스튜디오, 60분) a+ Story 코너

이 프로그램은 인도 뭄바이에 있는 고아원에서 고아와 버려진 아이들을 자식처럼 키우는 신부님 이야기를 담았다. 다음에 제시한 예는 전체 내용 중 신부님이 관리하는 여자 고아원을 촬영한 부분이다. 카자흐스탄과 두바이에서 함께 일했던 디지털 6mm 촬영자가 이때도 함께했다. 인도에서는 8박 10일 동안 촬영했는데, 처음에는 촬영자가 같은 카메라 위치에서 많은 것을 잡으려고 해 주의를 주었다. 다음 사례는 촬영자가 발 빠르게 움직여 다른 위치에서 화면 사이즈를 달리해 잡은 것이다. 촬영자는 이 촬영 이후 카메라 위치와 촬영 순서를 이해했다.

① 6~12세 정도의 여자아이들과 어울리는 신부님 모습

샷 1

보기 좋게 풀 샷을 잡는다.

디지털 6mm 카메라 위치

풀 샷

샷 2

90도 각도, 오른쪽 측면으로 이동해 첫 번째 샷과 화면 사이즈를 달리해 여자아이를 잡는다.
이렇게 하면 풀 샷에서 원 샷으로 부드럽게 편집된다.

디지털 6mm 카메라 위치

원 샷

② 여자아이들이 음악에 맞춰 춤을 추는 모습

샷 1

보기 좋게 풀 샷을 잡는다.

디지털 6mm 카메라 위치

풀 샷

샷 2

90도 각도, 왼쪽 측면에서 첫 번째 샷과 다르게 화면 사이즈를 잡는다.

디지털 6mm 카메라 위치

포 샷

05

5단계 접근
장면의 공간감을 생각해야 한다

연출자는 한 장소에서도 넓이와 깊이 등을 보여줄 수 있게 공간에 대해 항상 생각해야 한다.

1. 촬영하면서 방송될 장면의 공간에 대해 생각해야 한다

예를 들어 대장금 세트장은 용인 민속촌처럼 평지에 넓게 펼쳐져 있다. 그런데 부엌, 방, 마당 등 부분만을 촬영해 편집한다면 시청자들은 알 수 없는 답답함을 느끼게 된다. 연출자 또는 VJ 같은 촬영자는 시청자들이 편안하게 보고 느낄 수 있게 세세한 부분까지 생각해야 한다.

사례 1 '예술마을 헤이리' 중 일부분

아리랑TV, 〈Korea 101〉(ENG, 10분)

자유로로 일산을 지나 임진강 방향으로 가다 보면 파주 헤이리 예술마을이 나온다. 헤이리의 건축물들은 저마다 개성이 있다. 그중 항아리 전시를 목적으로 건축된 2층 건물을 촬영한 적이 있었다. 항아리 전시는 기본이고, 2층 내부와 외부에 카페를 보기 좋게 꾸며놓았다. 다음 샷들은 실제 방송된 화면이다.

샷 1

건물 전경이 다 보이게 화면을 잡고, 리포터가 건물로 걸어 들어간다. 추가로 리포터 없는 건물 전경도 잡았다. 편집할 때 둘 중 하나를 선택해 사용하기 위해서였다. 리포터를 넣은 외경 샷이 방송되었다.

샷 2

내부로 들어가 보면 2층과 1층이 탁 트여 있었다. 2층에 카메라를 설치하고 1층 문을 열고 들어오는 리포터를 잡았다가 틸트 업 하면서 팬 해 2층까지 보여준다. 1층에는 큰 항아리가 전시되어 있었고, 2층 카페에는 아기자기한 항아리가 전시되어 있었다. 8초가 조금 넘는 긴 샷으로 전체 공간을 보여주었다.

샷 3

2층에 전시된 도자기들을 보여주었다.

리포터가 2층을 둘러본다. 앞에 전시된 도자기, 중간에 리포터, 뒤에 다른 도자기들을 동시에 보여줌으로써 화면에 입체감을 더한다.

2층 외부에 자리한 카페 전경이다. 산등성이, 장독, 마당 등 주변의 다른 대상들을 화면에 담음으로써 공간감을 보여준다.

샷 6

리포터가 편안히 앉아 커피를 마신다.

연출자나 VJ 같은 촬영자는 샷 1과 샷 2를 연결해 생각할 수 있어야 한다. 한 장소에서 외경 샷과 공간을 보여줄 수 있는 샷을 원하면 카메라 감독에게 반드시 주문해야 한다. 연출은 할 때는 작아 보여도 결과물을 보면 크게 느껴지는 것이다. 작은 것 하나하나 신경을 써서 연출을 하다 보면, 자신도 모르게 좋은 결과를 얻을 수 있다.

2. 오버 더 숄더, 팬, 틸트 다운/틸트 업은 촬영 장소에 대해 공간감을 느낄 수 있게 해준다

ENG물 촬영에서 공간감이란 보통 넓은 의미로 해석되어 촬영 장소를 일컫는 경우가 많다. 촬영 장소는 풀 샷으로 촬영하는 것이 기본이다. 그리고 촬영 장소의 세부적인 공간을 보여주기 위해서는 오버 더 숄더, 팬, 틸트 다운/틸트 업 샷이 필요하다.

넓은 의미뿐만 아니라 좁은 의미에서의 공간감도 ENG물 촬영과 편집에서 중요하다. 오버 더 숄더, 짧은 팬과 틸트 다운/틸트 업 샷이 그 역할을 하는 것이다.

오버 더 숄더 샷

상대방의 어깨 너머로 피사체의 얼굴이 보이는 샷이다. 피사체가 있는 공간이 좀 더 입체적으로 보이도록 한다. 젊은 남자와 여자가 커피숍 창가에 앉아 있다고 가정해보자. 보통 첫 번째 샷은 앉아 있는 두 사람을 풀 샷으로 잡고, 두 번째 샷은 오버 더 숄더 샷으로 잡는다. 풀 샷 다음에 남자 또는 여자를 원 샷으로 잡을 수도 있지만, 오버 더 숄더 샷이 좀 더 부드럽게 연결시켜준다. 남자와 여자가 앉아 있는 주변 공간을 입체적으로 보여주기 때문이다.

샷 1: 풀 샷

마주보고 앉아 있는 젊은 남녀의 옆모습이 보인다.

샷 2: 오버 더 숄더 샷

남자의 어깨 너머로 여자의 얼굴이 보인다. 피사체의 감정을 담은 얼굴을 보여줄 경우에는 피사체의 모습을 좀 더 크게 잡을 수 있다.

샷 3: 오버 더 숄더 샷

여자의 어깨 너머로 남자의 얼굴이 보인다.

2명 이상의 인물을 촬영할 때, 오버 더 숄더 샷은 반드시 필요하다. 그리고 1명일지라도 책, 스마트폰, 컴퓨터 등을 보고 있을 때도 오버 더 숄더 샷이 유용하게 쓰인다.

사례 2 '송 세르게이, 인생은 아름다워'

아리랑TV, 〈A Plus〉(ENG+스튜디오, 60분) a+ Story 코너

카자흐스탄 알마티에 송 세르게이라는 50대 초반의 고려인이 살고 있다. 그는 20대 중반에 건설 현장에서 사고를 당해 두 다리를 못 쓴다.

방 두 개에 부엌 하나가 딸린 아주 작은 서민아파트에 혼자 살고 있었는데 너무 좁아 디지털 6mm 카메라를 들고도 촬영 위치를 잡기가 어려웠다. 촬영 공간이 좁다 보니 다양하고 세세한 샷들이 필요했다. 촬영 공간이 좁다고 방 안에 있는 주인공을 풀 샷과 미디엄 샷으로만 잡으면, 나중에 편집을 할 수가 없다.

필자는 촬영자에게 세르게이가 친구와 둘이 있을 때는 기본적으로 오버 더 숄더 샷을 넣어 촬영하라고 주문했다. 원 샷으로 따로 촬영하면, 방송될 때 왠지 연결고리가 없어 보이기 때문이다.

다음은 좁은 방에서 세르게이와 친구들이 음악 작업을 하는 모습을 여러 각도로 촬영한 장면을 방송된 순서로 나열했다. 화면을 통해 세부적인 공간감을 느낄 수 있을 것이다.

컷 1: 3초 풀 샷

폭 2m 정도의 방 안, 창가에 놓인 침대 위에 송 세르게이와 친구들이 앉아 컴퓨터로 음악 레코딩 작업을 하고 있다.

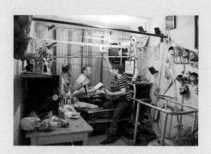

컷 2: 6초

여자 친구의 얼굴에서 인형극 스크립트로 틸트 다운 한 다음, 줌 인 한다.

틸트 다운 → 줌 인

컷 3: 2초, 투 샷 – 오버 더 숄더 샷

남자 친구가 목소리를 녹음한다.

컷 4: 3초, 원 샷

남자 친구가 목소리를 녹음한다.

컷 5: 2초, 인서트 샷 – 클로즈업

녹음되는 목소리 파형이 보이는 컴퓨터 화면을 보여준다.

컷 6: 4초, 투 샷 – 오버 더 숄더 샷

목소리를 녹음하는 여자 친구 옆에서 세르게이가 즐겁게 듣고 있다.

여자 친구가 목소리를 녹음하고 있다.

컷 8: 2초, 원 샷

세르게이가 즐겁게 듣고 있다.

3. 인서트 또는 컷어웨이 장면을 항상 생각해야 한다

교양적인 성격의 ENG물도 드라마처럼 인서트(Insert) 또는 컷어웨이(Cutaway) 샷이 필요하다. 편집을 하기 위해 굉장히 중요한 샷으로, 촬영자는 카메라의 위치를 옮겨가면서 피사체의 앵글을 잡아야 한다. 단순히 크기가 다른 샷을 편집하는 것과 달리 인서트와 컷어웨이 샷은 나름 의미가 있다.

한 시퀀스 내에서 인물의 동작을 설명하는 데 도움을 주거나, 상황을 이해시키기 위해 삽입되는 컷이 인서트이다. 예를 들어 주인공이 필사적으로 도망을 치는 장면에서 주인공의 땀 흘리는 얼굴을 클로즈업한 장면을 인서트 시키면 생동감을 살릴 수가 있다. 인서트 화면의 사이즈는 보통 클로즈업 또는 익스트림 클로즈업이다.

이야기 흐름 속에서 주인공 또는 주된 사물과 관련성이 있는 다른 어떤 피사체(사람 또는 사물)를 보여주는 컷이다. 농구장에서 농구 게임할 때, 관중과 코치, 치어리더가 컷어웨이가 되고, 가정집에서 주부가 주인공이라면 반려견과 TV 등이 컷어웨이가 될 수 있다. 관련성이 많은 컷어웨이일수록 이야기 흐름은 더 부드러워진다.

☞ 컷어웨이의 예

어른과 아이가 길가에서 이야기를 하고 있다. 주인공이 어른이라면 아이가 컷어웨이이고, 반대의 경우라면 어른이 컷어웨이가 된다.

풀 샷

미디엄 샷

미디엄 샷

↑
컷어웨이

사례 3 **'송 세르게이, 인생은 아름다워'**

아리랑TV, 〈A Plus〉(ENG+스튜디오, 60분) a+ Story 코너

송 세르게이가 혼자서 인형을 만드는 등 뭔가를 하고 있을 때도 가능한 한 여러 위치에서 다양한 사이즈의 샷과 인서트 샷을 잡도록 촬영자에게 주문했다. 다음은 세르게이 혼자 있을 때 모습으로, 방송된 순서로 나열했다.

컷 1: 3초 풀 샷

세르게이가 좁은 방 침대 위에서 필자를 반갑게 맞이한다.

컷 2: 4초 원 샷

두 다리를 쓰지 못하기 때문에 침대 주변에 많은 장치가 있었다.
세르게이가 인형을 만들거나 컴퓨터 마우스를 놓는 책상을 소개한다.

컷 3: 2초 인서트 샷

손이 닿을 수 있는 거리에 공구들이 걸려 있었다.

컷 4: 2초 인서트 샷 – 클로즈업

컷 5: 4초, 원 샷

컷 6: 2초, 인서트 샷 – 클로즈업

컷 7: 2초, 원 샷

컷 8: 3초, 인서트 샷 – 클로즈업

저장된 음악 파일 중 〈심청전〉을 들려준다.

컷 9: 6초

세르게이가 노인 인형을 가지고 〈심청전〉 창에 맞춰 실감나게 움직인다. 노인 인형으로 줌 인 된다.

줌 인 →

컷 10: 3초 인서트 샷

인형을 조종하는 손.

06

6단계 접근
편집을 위한 흐름과 초점

연출자 또는 촬영자는 편집 순서를 생각하면서 촬영해야 한다. 편집 순서를 생각하지 않고 촬영하면 시간과 레코딩 분량이 늘어나게 된다.

1. 일단 시작을 하면 해당 장소에서의 촬영을 마무리해야 한다

　일단 촬영을 시작했으면 제대로 마무리해야 한다. 이는 연출자에게 필요한 마음가짐이자 습관이다. 만일 어설프게 촬영하고 다음 장소로 넘어가게 되면 결과적으로 남는 것이 없다.

　촬영을 효율적으로 마무리하기 위해 카메라 감독 또는 촬영자에게 정확히 지시해야 한다. 연출자는 촬영할 때 제일 중요한 것이 무엇이며, 상황에 맞춰 어떤 종류의 샷과 화면의 크기, 카메라 위치가 필요한지를 카메라 감독 또는 촬영자에게 기분 나쁘지 않게 전달해야 한다. 그래야만 후반 작업 때 연출자가 원하는 순서로 편집할 수 있다. 편집을 염두에 두고 촬영하면 시간과 레코딩 분량을 많이 줄일 수 있다.

　연출자가 매번 편집 순서를 짜내기란 어렵다. 하지만 이런 과정을 꾸준히 반복해 촬영 장소나 부분 촬영을 하나씩 마무리해야 한다. 마무리된 부분들이 차곡차곡 쌓이다 보면 좋은 ENG 방송 프로그램을 얻을 확률이 높아진다. 편집을 할 때는 촬영한 모든 것이 사용되지 않는다. 우선순위를 두어 느낌이 제일 나은 촬영분을 중심으로 편집한다.

2. 촬영 장소에서는 다양한 크기의 샷이 필요하다

촬영자는 가능한 한 여러 위치에서 다양한 크기로 샷을 잡아야 한다.

　"일단 시작을 하면 해당 장소에서의 촬영을 마무리해야 한다"에 대한 구체적 접근이다. 연출자는 카메라 감독 또는 촬영자에게 클로즈업 샷, 미디엄 샷, 풀 샷 등 다양한 샷을 끊임없이 부드럽게 요구해야 하며, 카메라 감독 또는 촬영자는 가능한 한 여러 위치에서 다양한 샷을 잡아야 한다.

　편집을 할 때는 서로 다른 샷을 리듬을 타듯 배열해야 한다. 편집된 영상들을 보면 다음과 같은 샷들로 연결될 수 있다.

① 풀 샷 - 미디엄 샷 - 클로즈업 샷 - 풀 샷 - 웨이스트 샷
② 클로즈업 샷 - 미디엄 샷 - 풀 샷 - 버스트 샷 - 클로즈업 샷

구성과 내레이션에 따라 같은 크기의 장면이 세 번 연달아 들어갈 수 있지만, 같은 크기의 장면을 연속해 붙이지는 않는다.

3. 촬영에서 중점을 둘 부분을 생각하고 촬영해야 한다

 어떤 것에 중점을 두느냐에 따라 편집 순서가 달라진다. 편집 순서는 연출자의 생각을 표현하는 것이다.

연출자는 끊임없이 취사선택을 해야 한다. 촬영을 하기 전에 촬영할 장소를 선택하고, 촬영 현장에서는 어떤 부분을 촬영할지 선별해야 한다. 그리고 선택된 촬영 장소, 부분, 화면에서 어떤 것이 중요한지 스스로 판단해야 한다. 그 후 카메라 감독 또는 촬영자에게 구체적으로 설명해야 한다.

한 촬영 장소에 촬영할 부분이 10군데가 있다고 생각해보자. 한정된 시간에 10군데를 모두 촬영하려고, 한 군데에서 서너 개의 샷만 촬영하면 어떻게 될까? 서너 개의 샷만으로는 편집을 하기 어렵다. 보통 한 장소나 한 부분에서 촬영한 샷을 편집할 때는 촬영 분량의 3분의 1 정도만 사용한다. 연출자는 촬영할 ENG 방송 프로그램의 흐름에 맞춰 스스로 10군데의 우선순위를 매긴 후 서너 군데를 촬영해야 한다. 선택과 집중이 필요한 순간이다. 이 순간의 결정 또한 연출자의 능력이다.

간혹 초보 연출자들이 ENG 방송 프로그램에 어떤 것이 중요한지 몰라 눈에 보이는

것마다 카메라 감독 또는 촬영자에게 촬영해달라고 부탁하는 경우가 있다. 이럴 경우, 처음에는 카메라 감독 또는 촬영자가 순응하겠지만 시간이 지날수록 불만이 커질 것이다. 방송사 카메라 기자 또는 다큐멘터리 촬영 감독이 사용하는, 무게가 8~9kg 나가는 ENG 카메라는 어깨로 받쳐 들고 계속 촬영하기 어렵기 때문이다. 물론 그보다 작은 6mm 카메라와 DSLR 카메라로 촬영할 때도 마찬가지다. 연출자에 대한 신뢰가 무너지면, 나중에는 제대로 지시를 해도 연출자를 믿지 않게 된다.

선별된 촬영 장소, 부분, 화면 중 어떤 것에 중점을 두느냐에 따라 연출자의 생각을 표현하는 편집 순서가 달라진다. 같은 음식 재료로 다양한 맛을 낼 수 있듯이 편집 순서에 따라 연출자의 세밀한 감정 표현이 시청자에게 전달될 수 있다.

한 가지 재미있는 상황을 설정해보자. 음식물 쓰레기를 들고 나가는 남편에게 잔소리하는 아내가 있다. 남편의 얼굴에는 불만이 가득하다. 남편의 얼굴, 남편의 손에 들려 있는 음식물 쓰레기, 잔소리하는 아내의 모습, 이 세 가지 중 어디에 중점을 두느냐에 따라 카메라의 움직임과 편집 순서가 달라진다.

1) 불만이 가득한 남편의 얼굴에 초점을 맞출 경우

샷 1

잔소리하는 아내의 얼굴을 비춘다. 시청자는 아내가 있는 장소를 모른다.

계속 잔소리하는 아내와 손가락으로 코를 막고 부엌을 나가는 남편의 모습을 풀 샷으로 담는다.
시청자는 두 사람이 어디 있는지를 알게 된다.

남편 손에 들려 있는 음식물 쓰레기

틸트 업

손가락으로 코를 막고 인상을 찌푸리는 남편의 얼굴

 하기 싫은 일을 억지로 하는 남편의 얼굴을 클로즈업 해 보여줌으로써 남편의 감정에 초점을 맞췄다. 샷 3에서 카메라의 움직임으로 틸트 업을 사용했다.

2) 남편 손에 들려 있는 음식물 쓰레기에 초점을 맞출 경우

잔소리하는 아내의 얼굴을 비춘다. 시청자는 아내가 있는 장소를 모른다.

손가락으로 코를 막고 인상을 찌푸리는 남편의 얼굴을 비춘다.
시청자는 아직도 두 사람이 있는 장소를 모른다.

틸트 다운

남편의 손에 들려 있는 음식물 쓰레기
시청자는 그제야 아내와 남편이 왜 그랬는지 깨닫는다.

계속 잔소리하는 아내와 손가락으로 코를 막고 나가는 남편의 모습이 담긴 부엌을 풀 샷으로 비춘다. 시청자는 두 사람이 어디 있는지 비로소 알게 된다.

> 항상 시청자가 호기심을 갖도록 편집해야 한다. 음식물 쓰레기를 비추지 않다가 남편의 얼굴에서 틸트 다운 해 보여줌으로써, 갈등의 원인이 음식물 쓰레기라는 것을 보여준다.

3) 잔소리하는 아내에게 초점을 맞출 경우

샷 1

남편 손에 들려 있는 음식물 쓰레기

⬇

틸트 업

⬇

손가락으로 코를 막고 인상을 찌푸리는 남편의 얼굴

샷 2

계속 잔소리하는 아내와 손가락으로 코를 막고 나가는 남편의 모습이 담긴 부엌을 풀 샷으로 비춘다.
시청자들은 남편과 아내가 있는 장소가 부엌임을 알게 된다.
잔소리하는 아내의 모습이 남편의 어깨 너머로 멀리 보인다.

샷 3

잔소리하는 아내를 비춘다.

> 음식물 쓰레기를 버리는, 집안일을 마지못해 하는 남편을 둔 부인의 감정에 초점을 둔 것이다.

기본적으로 남편의 얼굴, 아내의 얼굴, 부엌에 있는 남편과 아내를 촬영하지만, 어디에 초점을 맞추느냐에 따라 카메라의 움직임이 달라지는 것을 알 수 있다. **편집을 할 때도 연출자의 의도에 따라 컷의 길이가 달라진다. 중점을 두는 컷은 다른 두 컷에 비해 길어진다. 연출자의 의도, 느낌의 표현대로 촬영과 편집이 이루어져야 한다.**

4. 촬영 장소의 첫 번째 샷에 신경을 써야 한다

보통 촬영 장소의 첫 번째 샷이 트래킹 또는 외경 샷이 될 수 있지만, 그렇지 않은 경우도 무척 많다. 습관적으로 촬영 장소를 파악해 첫 번째 편집 컷에 해당하는 샷을 촬영해야 한다. 첫 단추를 잘 채워야지 옷을 깔끔하게 입을 수 있듯이, 한 개의 장면(Scene) 이나 한 개의 시퀀스 편집을 위한 첫 번째 단계이다. 생각 없이 많은 다양한 샷을 촬영하는 것은 비효율적이다. 한 장소의 첫 번째 컷이 될 것이라는 생각이 들면, 서너 번 촬영해 안정적으로 확보할 필요가 있다.

사례 1   '카자흐스탄의 부동산 열풍'

아리랑TV, 〈A Plus〉(ENG+스튜디오, 60분) a+ Now 코너

알마티로부터 300km 떨어진 달티고란시에 알마티주 정부가 있었다. 그 시에서 촬영할 것이 두 건 있었다. 주 정부 건축위원회 위원장과의 인터뷰와 달티고란시 축구 경기장 건설 현장이었다. 축구 경기장은 부동산 열풍에 영향을 받아 리모델링을 하고 있었다. 촬영할 수 있는 시간이 많지 않아 현장과 주변을 살핀 뒤, 촬영자에게 촬영 순서를 다음과 같이 요구했는데, 방송된 것도 이 순서였다.

샷 1

축구장 전경을 풀 샷으로 잡은 뒤 팬 해 한창 공사 중인 관중석을 보여주었다.

샷 2

관중석에서 일하는 인부들의 모습을 그룹 샷으로 잡았다.

샷 3

샷 2와 화면 사이즈가 다르게, 측면에서 일하는 인부들의 모습을 그룹 샷으로 잡았다.

샷 4

샷 3과 화면 사이즈가 비슷하게 1층에서 일하는 인부들의 모습을 그룹 샷으로 잡았다.

작업 현장 책임자의 인터뷰를 버스트 샷으로 잡았다.

현재 작업이 진행 중이라는 것을 강조하기 위해 샷 2, 샷 3, 샷 4에서 일하는 인부들의 모습을 연속으로 보여주도록 편집했다. 보여줄 때, 몰아서 보여줄 필요가 있기 때문이다.

5. 장소에서 장소로 이동할 때는 외경 샷을 반드시 촬영해야 한다

다음 장소로 이동하면서 찍는 트래킹 샷과 다음 장소를 한눈에 보여주는 외경 샷은 반드시 촬영해야 한다. 설사 편집 과정에서 빠지더라도 촬영을 해두는 습관을 가져야 한다. 만일 트래킹 샷과 외경 샷이 필요한데 없으면 어떻게 할 것인가? 다음 장소 내부를 보여주는 촬영 샷들은 모두 사용되는 것이 아니라 선별적으로 편집되지만 외경을 보여주는 샷은 보통 하나밖에 필요하지 않다. 최악의 경우에 외경 샷만 다시 촬영해야 할 수도 있다.

외경 샷이 중요한 또 다른 이유는 시청자들에게 주는 공간감이 없어지기 때문에 시청자들이 순간적으로 프로그램의 흐름을 따라가지 못하는 경우가 생길 수 있다. 예를 들어 청계천에서 흘러내리는 시냇물을 보여주다가 다음 장면에서 북한산의 시냇물을 보여주면, 시청자들은 잠시 프로그램의 흐름을 따라가지 못하게 된다. 방송이 나갈 때 북한산의 시냇물 장면 전에 북한산 전경을 담은 장면이 선행되어야 한다. 그래야지 시청자들이 편안하게 이해하면서 볼 수 있는 것이다.

연출자는 카메라 감독 또는 촬영자에게 외경 샷을 주문할 때 가능하면 구체적으로 어떻게 촬영할 지를 알려주어야 한다. 카메라 감독 또는 촬영자와 생각이 다를 수 있기 때문이다.

아리랑TV, 〈A Plus〉(ENG+스튜디오, 60분) a+ Hit 코너

사례 2 '한국관광공사' 중 일부분

MBC 방송사가 운영하는, 의정부의 대장금 세트장을 두 번 방문해 촬영한 적이 있다. 첫 촬영은 관광객이 없는 시간에 하여 재촬영했다. 두 번째로 간 날에는 관광버스가 10대 정도 주차되어 있고, 일본과 중국 관광객이 많았다. 촬영을 프리랜서 VJ 혼자서 했는데, 편집할 때 어려움에 부딪혔다. 10여 명과 한 인터뷰와 각종 샷이 많았지만, 외경 샷은 하나밖에 없었다.

풋말에서 팬을 해 대장금 세트장의 전경을 보여준 것뿐이었다. 물론 이것을 외경 샷으로 사용할 수 있었지만, 그리 좋은 샷은 아니었다. 관광버스 다섯 대가 줄지어 서 있는 것을 촬영했지만 심하게 흔들렸고, 심지어 대장금 세트장으로 몰려드는 사람들을 촬영했지만 정작 필요한 샷인 사람들 등 뒤에서 찍은 외경 샷은 없었다.

샷 1

많은 관광객들이 걸어오며 가까워진다.

관광객 등 뒤에서 틸트 업 하면 정문의 전경이 보인다.

관광객 등 뒤에서 틸트 업 →

이는 대장금 세트장과 이곳을 방문하는 관광객을 가장 효과적으로 보여주는 편집 순서이다. 사람들이 많이 걸어올 경우, 이들이 찾은 곳이 바로 대장금 세트장이라는 것을 시청자들에게 보여주는 최고의 촬영과 편집 순서인 것이다.

촬영된 영상은 걸어오는 사람들에서 시작해 팬을 했지만, 시작점도 어색했고 외경이 보이는 곳에서 홀드가 5프레임도 되지 않았다. 쉽게 말해 팬 자체를 사용할 수가 없었다. 이는 촬영한 VJ가 촬영과 편집 순서에 익숙하지 않았음을 의미한다. 촬영자마다 실력이 제각각이고, 배우는 과정에서 기본에 충실하지 않았기 때문이다.

최고의 장면이라 할 수 있는 대장금 세트장 입구에 일렬로 주차되어 있는 관광버스와 대장금 세트장 정문으로 물밀 듯 걸어오는 관광객을 편집에 넣지 못하고, 관광객 몇 명만 서 있는 평범한 외경을 사용했다.

MBC 방송사의 대장금 세트장 정문이다. 관광객이 세트장으로 들어가 몇 명만 남아 한적한 모습이
다. 바로 직전의 장면이 한국관광공사 건물 지하 1층에 있는 한류관이었으므로, 대장금 세트장으로
가는 트래킹 샷이나 외경 샷이 필요했다.

6. 주인공을 처음 만나러 갈 때는 카메라를 끊어서는 안 된다

 연출자가 먼저 들어가고 뒤에서 카메라가 따라 들어가야 한다.

카메라에 주인공이 처음 노출될 때는 항상 호기심을 유발하는 단계를 거쳐야 한다.
연출자나 리포터가 먼저 들어가면서 다음에 나올 장면, 주인공이 등장하는 순간을 시청
자가 기대하도록 만들어야 한다.

그리고 주인공이 카메라 화면에 들어올 때는 포착하는 느낌으로 잡아야 한다. 주인공
이 카메라와 멀리 떨어져 있으면 줌 인을 해야 하고, 주인공이 숨어 있으면 카메라로 찾듯
이 훑어야 한다. 화면이 흔들리더라도, 기대하던 주인공을 만나는 것으로 시청자에게 이
해를 구할 수가 있다. 때로는 흔들리는 화면이 좀 더 호기심과 긴장감을 유발하기도 한다.

필자가 SBS 서울방송 〈순간포착 세상에 이런 일이〉의 코너 ENG물을 연출할 때다.
강원도 속초시 대포동에 죽은 아내의 부활을 믿는 남자가 있었다. 서울을 떠나 찾아간

집은 여느 가정집과 다름없는 집이었다. 마을은 텅 빈 듯 조용했다. 필자는 디지털 6mm 카메라를 든 후배에게 조금 떨어져서 따라오라고 했다. 긴장이 되었다. 10여 미터를 걷다가 현관 앞에서 빨래를 너는 주인공을 보고 "안녕하세요"라고 인사했다. 그는 160센티미터가 조금 넘는 키에 통통한 체구였다. 텁수룩하게 기른 수염에 눈길이 갔다.

주인공을 처음 만날 때 가장 중요한 것은 연출자가 봤던 모습과 느꼈던 감정이 카메라에 담겨야 한다는 것이다. 카메라를 든 후배는 어느새 필자의 어깨 뒤로 와서 녹화를 하고 있었다.

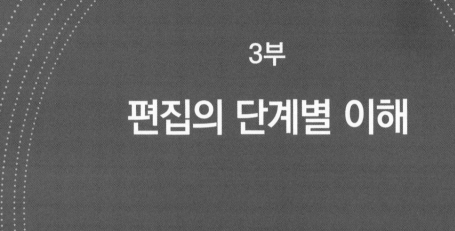

3부

편집의 단계별 이해

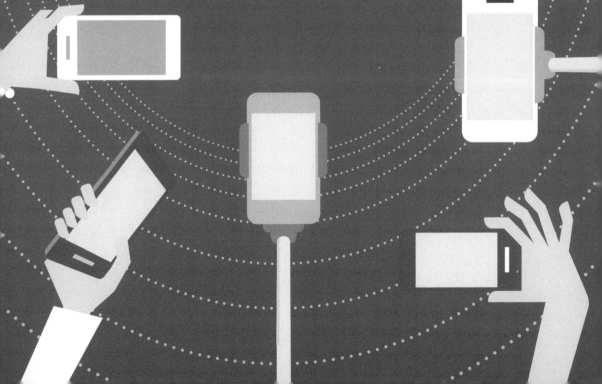

01

1단계 이해
주제를 이해하고, 주제에 맞게 구성하고,
단락에 맞게 편집 컷의 길이를 맞춘다

" 숲을 먼저 보고 나무를 나중에 보는 마음으로! "

만들고자 하는 영상물의 주제를 알고, 주제에 맞게 구성하며, 구성된 단락에 맞게 촬영된 내용을 편집하면서 장면의 길이(몇 초, 몇 프레임)를 달리해야 한다.

편집하려는 컷의 길이를 몇 초로 해야 할까? 편집 과정에서 가장 단순하면서도 어려운 질문이다.

초보자들은 영상물 편집을 할 때, 장면들을 일정한 길이로 붙이려는 경향이 있다. 시간이 흘러 편집을 하는 데 기능적으로 익숙해져도 자신이 편집하려는 컷의 길이(몇초, 몇프레임)를 얼마나 할지 결정하는 것은 어려운 일이다. 심지어 방송 현장에서 일하는 편집자들조차 컷의 길이에 대해 100% 확신하지 못한다. 눈에 보이는 부분만으로는 판단하기 어렵기 때문이다.

편집 컷의 길이에 대한 감을 얻으려면 다음의 과정을 반복할 필요가 있다. 자신이 만들고자 하는 영상물의 주제를 이해해야 하고, 주제에 맞게 구성하며, 구성된 단락에 맞게 촬영된 내용을 편집하면서 장면의 길이(몇초, 몇프레임)를 달리해야 한다.

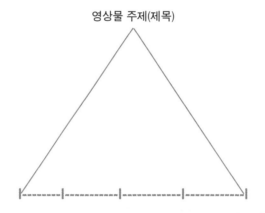

영상물 주제(제목)

예를 들어 SBS의 〈미운 우리 새끼〉의 경우를 보자. 가수 김건모가 세 번째 맞선을 보는 VCR 코너가 방송되었는데, VCR 중간중간에 MC와 어머니들 대화가 들어간다. 이 경우 분량은 어떻게 결정될까? 〈미운 우리 새끼〉의 경우, 1~2부 2시간 동안 아들들이 등장하는 VCR을 어머니들과 MC들이 보면서 대화하는 형식으로 구성된다. 연출자는 녹화 후 전체 영상을 보고 우선순위를 정하는데, 시청자의 관심을 계속 끌고 싶으면 1부 후반부에 흥미를 유발할 수 있는 VCR을 배치하고, 1분 광고를 한 뒤 2부 초반부에 이어서 보여줄 것이다. 가수 김건모가 세 번째로 맞선 본 VCR 구성이 그러했다. 김건모는

밝은 미소를 머금은 38세의 여성에게 관심을 보였다. 어색한 분위기에도 해묵은 농담을 하고 급기야 태진아와 이무송에게 SOS 메시지도 보낸다. 그런 전개 속에 MC와 어머니들이 개입할 필요가 있다고 생각하면 그렇게 편집할 것이고, VCR 속 출연자들이 유기적으로 호흡이 맞는다고 판단되면 VCR를 계속 넣을 것이다. 결국 어머니들 대화의 분량은 상황에 따라 바뀐다.

1. 전체적·부분적으로 편집 호흡의 길이를 알고 편집해야 한다

 편집구성안의 내용에 맞춰 편집 컷의 길이를 결정한다.

최소한 연출 경력이 5~6년 이상인 사람들은 보통 이 말을 이해하고 편집할 것이다. 하지만 이보다 더 오랜 경력이 있어도 이 말을 이해하지 못하는 경우도 있다. 그만큼 이 말은 편집의 모든 것을 말해준다고 할 수 있다.

필자가 오랜 시간 수많은 시행착오 끝에 익힌 편집 호흡의 감을 편집을 이해하는 1단계에 두는 이유는 편집의 긴 흐름을 이론적으로 알고 접근하라는 의미이다. ENG 방송 프로그램의 주제와 구성은 편집의 긴 흐름과 연결되어 있고, 구성을 이루는 단락은 편집의 부분 흐름이다. 긴 흐름이든 부분 흐름이든, 편집 호흡이 있다. 전체적·부분적으로 길게 보여줘야 할 때 길게 보여주고 짧게 보여줘야 할 때 짧게 보여주는 것이다.

예를 들어, 원고상 주인공이 학교에 가는 장면이 짧고 집에 있는 장면이 긴데, 학교에 가는 길에 생긴 일들이 많아 주인공이 집에 있는 장면에 학교 이야기를 넣을 수밖에 없는 상황이 생길 수 있다. 이럴 때 주인공이 학교에 가는 길에 생긴 일들이 시청자의 관심을 얼마나 끌지를 생각해봐야 한다. 전체 흐름에 맞고 관심거리가 많으면 주인공이 학교에 가는 장면을 길게 늘리고 관심거리가 적으면 조금만 늘리면 된다.

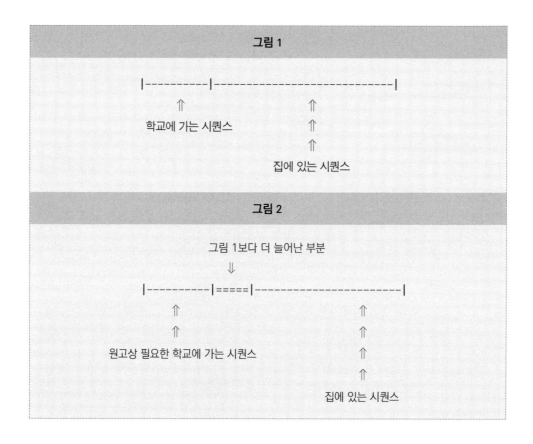

연출자는 제작하고자 하는 ENG 방송 프로그램의 방향·의도·구성과 내용을 어느 정도 알고 편집해야 한다. 그리 중요하지 않은 부분은 사뿐히 넘어가고 중요한 지점에서는 세세히 보여주어야 한다. 이런 과정을 반복적으로 경험하다 보면 10초 길이로 촬영된 샷을 2초에서 10초까지 의미에 따라 길이를 조정하며 편집할 수 있다. 편집할 장면에 무슨 말이 들어갈지 안다면 2초 붙일 것을 3~4초 붙일 수 있는 것이다.

초보 연출자나 편집자들은 아무 생각 없이 2초씩 컷을 붙이거나, 팬 하고 나서 홀드 없이 잘라버릴 수 있다. 이런 편집에서는 시청자들이 뭔가 부족함을 느낄 것이다. 만일 시청자의 눈길을 조금이라도 더 붙잡고 싶으면, 감정선을 살려야 한다. 출연자의 표정과 행동을 좀 더 살리고 싶으면 편집 컷의 길이를 좀 더 늘리면 된다. 이것이 감정선을 세세히 살리는 편집법이다.

2. 이야기 흐름 뒤에 영상 흐름이 뒤따라야 한다

영상들은 연속적이고도 집중적으로 보여야 한다. 들어갈 때와 머물 때, 나올 때를 2~3컷 연속해서 보여주는 것이 좋다. 컷이 바뀔 때마다 들어갔다 나왔다 하는 것은 좋지 않다.

연출자는 일단 ENG 프로그램의 이야기 흐름을 파악한 뒤 OK 컷으로 장면을 채워나가야 한다. 영상의 흐름이란 보기 좋고 매력적인 장면부터 우선순위를 정해 배열하는 것이다. 단 이야기 흐름에 부합해야 하고, 영상을 연속적이고 집중적으로 보여주어야 한다.

방송되는 영상에 시청자의 시선을 잡아둘 수 있는 컷들을 이야기 흐름에 맞춰 잘 배치해야 한다. 가장 재미있고 보기 좋은 컷을 맨 앞에 둔다고 다 해결되는 것은 아니다. 중요한 점은 연결되는 컷들이 산만해 보이면 안 된다는 것이다. '들어갔다 나왔다' 아무 생각 없이 연결하면 안 된다. 들어갈 때는 적어도 같은 내용의 2~3컷이 연속적으로 연결되어야 하고, 머물 때나 나올 때도 마찬가지다.

1) 부드럽게 연결된 편집 순서

다음은 두바이에서 매년 개최되는 골프 투어 데저트 클래식(Desert Classic)에 관한 내용을 소개하기 위해 편집한 장면 중 일부분으로, 실제로 방송된 순서로 나열한 것이다. 두바이 데저트 클래식에는 세계적으로 유명 골프 선수들이 참가한다.

컷 1: 풀 샷	컷 2: 풀 샷

두바이 데저트 클래식의 분위기를 전달할 목적으로, 컷 1과 컷 2를 연속해 붙였다.

컷 2보다 화면 사이즈가 작지만 유명 골프 선수들의 연습하는 모습을 보여줌으로써 두바이 데저트 클래식의 분위기를 지속적으로 전달한다.

컷 3의 역할과 같다. 앞의 컷과 비슷한 컷을 붙여 시청자의 집중도를 높인다.

컷 4의 화면 사이즈보다 훨씬 크다. 이 시퀀스를 마무리하는 역할을 한다.

2) 부드럽지 않은 편집 순서

앞의 편집 순서에서 컷 5가 컷 3과 컷 4 사이에 들어가면 집중도가 떨어진다. 골프 선수들의 연습 장면을 보여주다가 구경하러 온 사람들을 보여주는 것은 이상하다. 한참 들어가서 보고 있는데 갑자기 나왔다가 다시 쑥 들어가는 형국이다.

컷 1

컷 2

3. 단락과 단락 사이의 연결 부분에 신경 써야 한다

제작하고자 하는 ENG 방송 프로그램 전체를 이해하고 나서 세부적으로 접근하는 첫 번째 단계가 단락과 단락을 어떻게 연결할지를 생각하는 것이다. 예를 들어 7분 정도 길이의 ENG 방송 프로그램은 4~5개의 단락으로 이루어져 있다. 구성안대로 단락을 배열할 수도 있지만, 편집하면서 단락의 순서를 바꿀 수 있다. 만일 최초 구성안대로 촬영 현장에서 촬영을 한다 해도 단락과 단락 사이에는 연결 부분이 필요하다. 리포터가 멘트를 하는 **브리지**, 연출자가 어딘가로 찾아가는 모습, 자동차 안에서 찍는 트래킹 샷, 외경 등이 연결 부분에 해당된다.

> **브리지(Bridge)**
> 앞과 뒤의 단락을 연결해주는 부분을 말한다. 주로 리포터가 등장해 앞의 내용을 간략하게 정리하고 다음 내용을 소개한다.

전체 흐름을 어느 정도 아는 연출자라면 단락과 단락 사이의 연결을 생각하면서 촬영 현장에서 연출해야 한다. 실내에서 실내로 장면을 전환하는 것은 답답하고, 내레이션이 깔린 장면 없이 다음 단락으로 넘어가는 것도 어색하다. 방송은 장면이 우선적으로 채워지면서 마무리가 되어야 하기 때문에, 연출자는 항상 연결 부분을 어떤 식으로 촬영하고 편집할지 생각해야 한다. 방송되는 연결 부분이 물 흐르듯 보여도 연출자의 생각이 담겨 있는 것이다.

1) 단락의 첫 번째 컷은 어떤 샷이 어울릴까?

외경 샷 같은 풀 샷이 제일 먼저 떠오른다. 어떤 장소를 가든, 그 장소를 이해시키기에 외경 샷만큼 좋은 것이 없다. 그렇다고 다음 그림처럼 외경 샷을 일관되게 첫 번째 컷으로 사용할 확률은 그리 높지 않다.

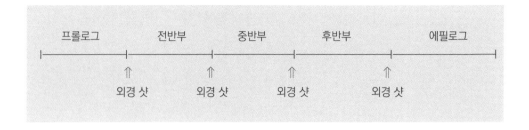

다음 단락의 첫 번째 컷이 떠오르면, 전(前) 단락의 마지막 부분을 되짚어봐야 한다. 전 단락 촬영을 기대치만큼 해냈는지, 부족한지 등을 점검해야 한다. 기대치만큼 촬영했다면 연결 부분을 외경 샷이나 트래킹 샷으로 처리할 수가 있다. 하지만 전 단락이 미흡하다면 연결 부분에 좀 더 힘을 주어 보강해야 한다. 리포터가 있다면 쉽게 갈 수 있다. 리포터에게 다음 단락을 소개하는 멘트를 하게 한다든지, 다음 단락을 위한 이벤트를 벌일 수도 있다. 만일 리포터가 없으면 연출자의 고민이 시작된다. 연출자가 직접 출연해서라도 장면을 알차게 만들어야 한다. 하지만 시사적이며 고발적인 프로그램이라면 연출자가 출연해도 무리가 없지만, 그렇지 않은 프로그램에는 적절하지 않다. 그 대안으로 다음 단락을 객관적 또는 주관적으로 말해줄 수 있는 사람들을 물색해야 한다. 전문가 또는 일반 시민, 관광객 등. 인터뷰 전과 후 단락의 움직임이 없을 수록, 인터뷰는 동적인 느낌을 줄 수 있다.

연출자는 가능한 한 모든 경우의 수를 생각하면서 연결 부분을 만들어야 한다. 경험이 많은 연출자일수록 좀 더 세련된 연결 부분을 만들어낸다.

초보 연출자에게 연결 부분을 주문하는 것은 사실 무리이다. 연결 부분은 ENG 방송 프로그램 전체를 대충이라도

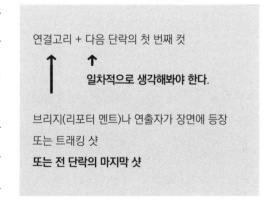

연결고리 + 다음 단락의 첫 번째 컷

일차적으로 생각해봐야 한다.

브리지(리포터 멘트)나 연출자가 장면에 등장 또는 트래킹 샷
또는 전 단락의 마지막 샷

이해하고 있을 때 만들어지는 것이다. 초보 또는 경력이 짧은 연출가라면 전체를 계속 생각하는 습관을 익혀야 한다. 이 습관이 몸에 밴 연출자와 그렇지 않은 연출자의 구성력, 촬영 현장에서의 연출력, 후반 작업 시 편집력의 차이는 시간이 지날수록 뚜렷해진다.

2) 첫 번째 컷의 화면 사이즈는 전 단락의 마지막 컷이 어떤 화면 사이즈로 끝났는지에 따라 달라질 수 있다

 이해하기 복잡하면 단순하게 이 점을 반복할 필요가 있다.

만일 풀 샷으로 끝났다면 클로즈업 샷이 첫 번째 컷이 될 수 있다. 촬영과 편집을 해본 사람이라면 단락의 마지막 컷이 어떤 종류의 샷인지 조금만 생각해도 알 수 있다. 확률적으로 풀 샷과 클로즈업 샷이 될 가능성이 높다.

만일 전 단락의 마지막 컷이 풀 샷이면 다음 단락의 첫 번째 컷은 클로즈업 샷으로 편집하는 것이 리듬상 좋다. 반대로 전 단락의 마지막 컷이 클로즈업 샷이면 다음 단락의 첫 번째 컷은 풀 샷이 어울린다.

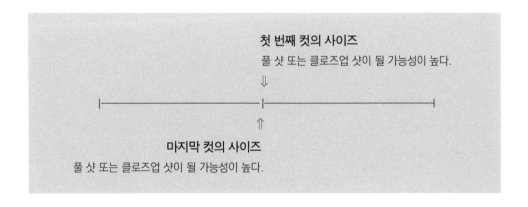

연출자는 경험적으로 촬영 장소를 파악해 첫 번째 편집 컷에 해당하는 샷을 촬영해야 한다. 첫 단추를 잘 끼워야 옷을 깔끔하게 입을 수 있듯이, 한 단락(장소)의 시퀀스 편집을 위한 첫 번째 단계이다. 한 장소의 첫 번째 컷이 될 거라 생각이 들면, 안정된 샷을 확보하기 위해 2~3번 촬영할 필요가 있다.

02

2단계 이해
ENG 방송 프로그램에 리듬을 주어야 한다

❝다시 한번, 숲을 먼저 보고 나무를 나중에 보는 마음으로!❞

편집자는 만들고자 하는 한 편의 영상물(방송 프로그램)에 긴 리듬감을 주어야 한다. 긴 리듬감을 살린 영상물은 서너 개의 산등성이를 오르고 내리는 모습으로 표현된다. 프롤로그에서는 시청자가 호기심을 갖게 하고, 그 뒤 높낮이가 다른 작은 산등성이를 타듯 오르락내리락하면서 종반부에 이르러 감정선을 최대한 끌어올려야 한다.

이 또한 연출자나 편집자가 오랜 시간에 걸쳐 수많은 시행착오를 겪어야 체득할 수 있는 것이다. 그런데도 편집의 리듬을 이해의 2단계에 두는 이유는 이론적으로라도 알고 있어야 그때그때 부분적으로라도 접근할 수 있기 때문이다.

프롤로그 ⇒ 전반부 ⇒ 중반부 ⇒⇒ 후반부 ⇒⇒⇒ 에필로그

시청률을 올리는 리듬

1. 전체적으로, 부분적으로 편집은 리듬을 타야 한다

ENG 방송 프로그램의 전체 흐름은 높낮이가 다른 산등성이를 오르락내리락 타다가 마지막에 가장 높은 산등성이에 오르는 모양새가 되어야 한다. 그리고 높낮이가 다른 산등성이의 꼭대기에는 주요 볼거리가 자리 잡고 있어야 한다. 프로그램의 성격에 따라 주요 볼거리는 달라지는데, 인간적인 면모가 강한 프로그램이라면 시청자의 눈물을 자아내는 감동이 주요 볼거리가 될 것이고, 예능적 성격이 강하다면 흥미를 유발하는 재미가 주요 볼거리가 된다. 그리고 정보 프로그램이라면 시청자에게 필요한 내용이 주요 볼거리가 되는 것이다.

편집은 전체적으로뿐만 아니라 부분적으로도 리듬을 타야 한다. 그리고 주요 볼거리가 배치된 산등성이의 정상이든, 그렇지 않은 밑이든 세부적으로 리듬 있게 편집해야 한다. 작게는 10개 이하, 많게는 수십 개의 컷을 붙여야 하는데, 편집하려는 부분의 내용을 안다면 컷의 길이를 달리할 수가 있다. 길게 줄 때는 길게, 짧게 줄 때는 짧게, 강할 때는 강하게, 약할 때는 약하게 리듬감을 살리는 것이다.

리듬감을 가진 편집자(연출자)라면 프롤로그, 전반부, 중반부, 후반부, 에필로그를 강, 강, 강, 약, 약이나 약, 약, 약, 강, 강식으로 비슷한 내용물을 무리 지어 구성하지 않는다. 편집자(연출자)는 자신이 가지고 있는 강점과 약점을 냉정히 파악하고, 어느 지점에서 강점 또는 약점을 줄 것인지 결정해야 한다.

2. 보여줄 때 충분히 보여줘야 한다

편집의 리듬상 각 산등성이의 정상에서는 촬영한 장면을 가능한 한 많이 활용해 보여줘야 한다. 특히 클라이맥스에 해당하는 부분에 볼거리 1순위 영상을 최대한 많이 넣어 편집해야 한다.

ENG 방송 프로그램의 경우 드라마와는 달리 모든 조건을 만들어 촬영하지 않는다. 출연자가 있으면 자연스럽게 따라가며 촬영하기 때문에, 연출자의 기대와 달리 재미가 있을 수도 있고 없을 수도 있다. 촬영이 끝나고 프리뷰(Preview)하면서 그 프로그램에 대한 기대치를 나름대로 세울 수 있다. 촬영 전과 촬영 중에 생각했던 주요 볼거리를 촬영 후에 계속 사용하는 경우도 있지만, 기존의 볼거리가 없어지고 새로운 볼거리가 생길 수도 있다. 이것이 드라마와 다른, ENG 방송 프로그램의 특징이다.

3. 긴 리듬과 부분적 리듬을 잘 탄 프로그램은 시청자에게 편안하고 흥미롭게 다가간다

시청자들은 산등성이의 정점에서 재미나 감동을 느낄 것이고, 산등성이 아래에서는 보기에 편안하다고 느낄 것이다. 처음부터 끝까지 재미를 주었다면, 그림으로는 산등성이가 직선이 되어 끝날 때 직각으로 떨어지는 모습이 된다. 처음부터 끝까지 재미가 있다고 시청자들 모두가 좋아하는 것은 아니다. 아무리 맛있는 음식도 매끼 먹으면, 그 맛을 못 느낄 수가 있다.

4. 긴 리듬의 끝 부분이 감동적이거나 재미가 있으면, 시청자에게 좋은 인상을 남길 수 있다

확보한 볼거리 중 가장 감동적이거나 재미있는 볼거리를 가능하면 끝부분에 배치하는 것이 좋다. 볼거리들이 많다면 전반부, 중반부, 종반부에 적절히 섞어 넣을 수 있지만, 그렇지 않다면 가장 감동적이거나 재미있는 볼거리를 되도록 영상물(방송 프로그램) 끝부분에 넣어야 한다. 볼거리를 하나밖에 확보하지 못해 난처한 상황이라면, 볼거리의 일부를 프롤로그에 사용하고, 다시 종반부에 그 볼거리를 최대한 살려 보여주는 방법으로 나누어 편집할 수 있다.

종반부를 어떤 형식으로 장식하는지는 편집자(연출자)에게 대단히 중요하다. 시청자들이 공감할 수 있는 감정을 최고치까지 끌어올려야 한다. 촬영된 장면, 음악, 내레이션(성우)을 적절히 섞어 최상의 편집을 해야 한다. 연출자가 최고의 볼거리를 준비해야 하는 이유가 바로 이것이다.

5. 편집 리듬은 편집 컷의 길이와 긴밀히 연결된다

볼거리가 있는 단락뿐만 아니라 볼거리가 없는 단락일지라도 편집 리듬은 있어야 한다. "단락 안의 시퀀스를 어떻게 리듬감을 주면서 편집할 수 있을까?" 이는 편집 과정에서 반드시 넘어야 할 과제이다.

1) 편집을 위한 촬영 샷의 사이즈들이 음의 높낮이처럼 다양해야 하며, 이는 편집의 기본 원칙이다

① 풀 샷 – 미디엄 샷 – 클로즈업 샷 – 풀 샷 – 웨이스트 샷

② 클로즈업 샷 – 미디엄 샷 – 풀 샷 – 버스트 샷 – 클로즈업 샷

구성에 따라, 내레이션에 따라, 같은 크기의 장면들이 세 번 연달아 들어갈 수 있지만 같은 크기 사이즈를 연속해 붙이는 경우는 드물고, 그게 반복이 되면 튀어 보일 가능성이 높다.

같은 사이즈로 연결된 컷들		
컷 1 미디엄 샷	**컷 2** 미디엄 샷	**컷 3** 미디엄 샷

2) 편집되는 컷의 길이는 촬영된 피사체의 표정과 행동에 따라 달라진다

이것이 바로 "단락 안의 시퀀스에 대해 어떻게 리듬감을 주면서 편집할 수 있을까?"라는 질문에 대한 답일 수도 있다.

만일 인물의 눈동자와 표정이 뭔가에 관심이 있다면, 얼굴을 좀 더 보여줄 필요가 있다. 그러면 자연스럽게 다음 편집 컷은 관심사의 뭔가가 되고, 그것이 시청자의 눈길을 끌 수 있다면 좀 더 보여줄 수 있는 것이다. 결국 편집 컷의 길이는 '주제 → 구성 → 주인공 또는 주된 인물의 행동'으로 연결되면서 상황에 따라 달라진다.

〈편집하기 쉬운 카메라 위치와 촬영 순서〉

샷 1

테이블을 사이에 두고 마주 보고 앉아 커피를 마시며 회의를 하는 A, B, C, D를 화면에 담는 포 샷이다. 여러 가지 상황을 임의로 설정할 수 있다.

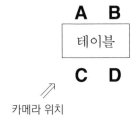

얼굴이 보이지 않거나 측면 일부만 보이는 C 또는 D의 원 샷이나 C와 D의 투 샷이 좋다. 얼굴을 볼 수 없었던 사람을 다음 샷으로 촬영하는 위치는 아래 그림 중 화살표로 표시된 네 곳 중 하나가 될 것이다. 만일 4명 중 주인공이 없다면 C 또는 D가 이 시퀀스의 편집상 주된 인물이 될 가능성이 높다.

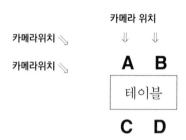

말하는 C 또는 D를 바라보는 A와 B의 투 샷이 편집의 사이즈 변화(편집의 리듬)상 좋다.

말하고 있는 C나 D를 원 샷으로 촬영한다.

만일 C 또는 D가 손으로 만지는 매개체가 있다면, 그것을 클로즈업 한다.

 주된 인물 C나 D의 얼굴 표정과 행동을 좀 더 보여주고 싶다면, 2초 붙일 것을 3초 또는 그 이상으로 붙일 수 있다. 그리고 A와 B의 반응이 좋다면 더 길게 붙일 수 있다.

03

3단계 이해

시청자의 호기심을 불러일으키는
방식으로 편집해야 한다

ENG 방송 프로그램은 시청자에게 호기심과 재미를 불러일으키도록 전체 구성이 되어야 하고, 단락의 컷들 또한 호기심을 불러일으키게 편집되어야 한다.

간단한 예로, 인사동에서 호떡을 파는 유명 포장마차를 촬영해 편집한 영상에 대해 이야기해보자. 컷들의 편집 순서는 연출자마다 다를 것이다.

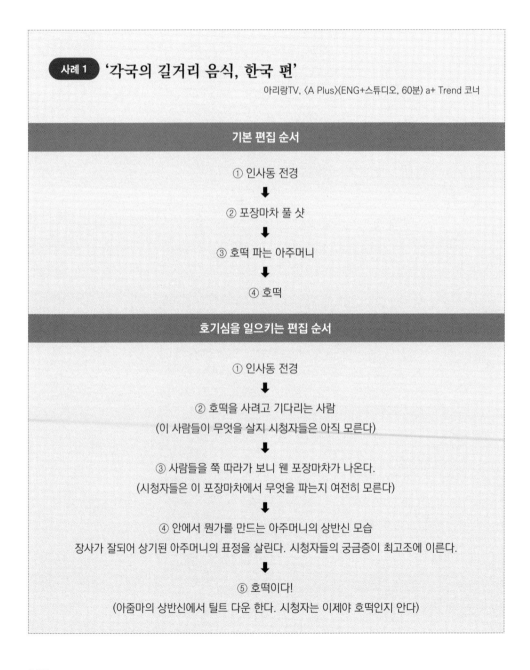

사례 1 '각국의 길거리 음식, 한국 편'

아리랑TV, 〈A Plus〉(ENG+스튜디오, 60분) a+ Trend 코너

기본 편집 순서

① 인사동 전경

⬇

② 포장마차 풀 샷

⬇

③ 호떡 파는 아주머니

⬇

④ 호떡

호기심을 일으키는 편집 순서

① 인사동 전경

⬇

② 호떡을 사려고 기다리는 사람
(이 사람들이 무엇을 살지 시청자들은 아직 모른다)

⬇

③ 사람들을 쭉 따라가 보니 웬 포장마차가 나온다.
(시청자들은 이 포장마차에서 무엇을 파는지 여전히 모른다)

⬇

④ 안에서 뭔가를 만드는 아주머니의 상반신 모습
장사가 잘되어 상기된 아주머니의 표정을 살린다. 시청자들의 궁금증이 최고조에 이른다.

⬇

⑤ 호떡이다!
(아줌마의 상반신에서 틸트 다운 한다. 시청자는 이제야 호떡인지 안다)

기본적인 편집 순서와 호기심을 불러일으키는 편집 순서의 방송 길이는 크게 차이가 나지 않는다. 하지만 시청자들에게 호기심과 재미를 준다는 면에서 그 차이는 엄청나다. 쉽게 말하면 똑같은 요리 재료로 전혀 다른 맛을 낼 수 있다는 말이다.

시청자들에게 호기심을 주는 방법을 터득한 연출자는 촬영할 때부터 편집 순서를 고려해 촬영한다. **연출자는 촬영 현장에서 재미있거나 감동적인 요소를 찾아내고, 시청자들이 호기심을 느껴 그 요소에 접근할 수 있도록 촬영해야 한다.** 연출자를 꿈꾸는 독자라면 이 말을 새기고 또 되새겨야 한다. 이 책에서 가장 중요한 부분 중 하나이기 때문이다.

04

4단계 이해
한 공간에 있는 대상들을 편집할 때

대상이란 사람, 사물, 동물 등이 될 수 있다. 대상의 숫자가 많을 수도 있고, 적을 수도 있다. 움직임이 있을 수도 있고, 없을 수도 있다. 몇 가지 경우의 수가 생길 수 있지만, 가장 중요한 것은 핵심이 되는 대상인 주인공의 움직임을 따라야 한다는 것이다. 대부분의 주인공은 사람일 수도 있지만, 동물이나 사물이 되는 경우도 적지 않다.

1. 대상이 하나이고 정적일 때

움직임이 없기 때문에 상황에 따라 화면 사이즈만 다르게 해도 된다. 촬영이나 편집상, 가장 기초적인 출발점이다. 하지만 쉽게 보이지만 더 어려울 수 있다. 재미있고 움직임이 있는 대상을 촬영하거나 편집하는 것은 더 쉽게 시청자들의 관심을 끌 수 있다. 하지만 대상의 움직임이 없다면 어떻게 접근해야겠는가? 조명이나 카메라 앵글에 더 신경을 써야 시청자들에게 좀 더 강한 인상을 줄 수 있다. 편집 또한 평이하게 사이즈만 바꾸어 붙인다고 생각해서는 안 된다. 대상의 움직임이 없더라도 강조하고 싶은 포인트 (Point)가 있을 것이다. 그 포인트를 살리는 것이 편집의 묘미다.

1) 포인트를 살린 편집의 예

텅 빈 기다란 복도 중간, 창가에 30대 중반의 남자가 서 있다. 상심이 깊은 얼굴이다.

① 전형적인 편집

풀 샷 → 웨이스트 샷 → 클로즈업 샷 순서로 편집하는 것이 전형적이다.

컷 1: 풀 샷	컷 2: 웨이스트 샷
텅 빈 기다란 복도 중간, 창가에 남자가 서 있다.	남자의 상반신을 보여준다.

컷 3: 클로즈업

남자의 상심 깊은 얼굴을 비춘다.

남자가 주인공이라면, 남자의 상심이 깊은 얼굴을 다른 컷에 비해 길게 보여주면 된다.

② 포인트를 살린 편집

단순한 예문 같지만 포인트를 줄 수 있는 곳이 분명히 있다. 일반적으로 생각할 때는 남자가 주인공이 될 수 있지만, 아닐 수도 있다. 의외로 남자가 서 있는 복도나 복도가 있는 건물이 이야기의 핵심이 될 수도 있다. 만일 남자가 서 있는 공간, 즉 텅 비고 기다란 복도에 초점을 맞추고 싶으면 다음과 같은 순서로 편집하면 된다.

컷 1: 클로즈업 샷	컷 2: 웨이스트 샷
상심이 깊은 남자의 얼굴	남자의 상반신

텅 빈 기다란 복도 중간, 창가에 남자가 서 있다.

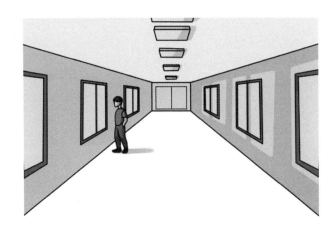

시청자에게 강한 인상을 심어줄 수 있는 편집이다.
컷 3은 다른 두 컷에 비해 연출자의 의도에 따라 편집 길이를 길게 할 수 있다.

2. 대상이 하나이고 동적일 때

대상이 하나이고 사람이면, 그 사람의 세세한 움직임을 편집으로 표현해야 한다. 되도록 **많은 클로즈업 샷, 다른 위치에서 잡은 다양한 앵글 샷 촬영이 선행되어야 한다.** 대상이 하나일지라도 시청자에게 보여주고 싶은 포인트가 있을 것이다. 그 포인트에 맞는 샷들을 적절히 섞어 편집하면 무난히 시청자에게 다가갈 수 있다.

보이는 장면의 논리도 있지만, 우선적으로는 구성작가의 글이 우선되어야 한다. 글의 논리에 맞춰 장면을 편집하면 좋은 프로그램이 될 가능성이 높아진다.

사례 1 **'송 세르게이, 인생은 아름다워'**

아리랑TV, 〈A Plus〉(ENG+스튜디오, 60분) a+ Story 코너

세르게이는 한국의 전통 판소리 〈심청전〉을 인형극으로 만들어 촬영 스태프에게 자발적으로 들려주었다. 그의 몸속에 한국인의 피가 흐르고 있다는 것을 보여주려는 것이 아닐까 생각했다. 이것이 구성과 편집의 포인트가 되었다.

다음과 같이 컷을 연결해 방송했다. 참고로 '심청전' CD는 세르게이가 몇 년 전 한국의 춘천 인형극제에 초청받아 참가했다가 한국 친구에게서 받은 것이다.

컷 1: 풀 샷

좁은 방에 놓인 침대에 앉아 있는 세르게이의 모습을 옆에서 카메라로 잡았다.

컷 2: 클로즈업 샷

카메라로 앞에서 잡았다.

컷 3: 버스트 샷

카메라로 옆에서 잡았다.

컷 4

세르게이 오른팔 옆에서 잡은 컴퓨터 화면이다. 음악 파일 〈심청전〉을 찾고 있다.

컷 5

세르게이가 노인 인형을 가지고 〈심청전〉 창에 맞춰 실감나게 움직인다. 노인 인형으로 줌 인 된다. 〈심청전〉 창이 컷 4의 끝부분부터 나오면서 한결 더 부드럽게 컷 5로 넘어간다.

줌 인 →

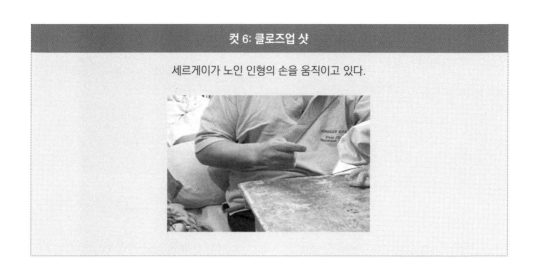

컷 6: 클로즈업 샷

세르게이가 노인 인형의 손을 움직이고 있다.

3. 대상이 여럿이고 동적일 때

대상들이 정적이기보다 동적일 때는 풀 샷 → 웨이스트 샷 → 클로즈업 샷과 같이 화면의 사이즈를 순차적으로 줄일 필요는 없지만 대체로 풀 샷이 첫 번째 컷이 된다.

그리고 여럿 중 핵심 대상, 즉 주인공이 누구인지를 파악하면, 주인공의 움직임을 중심으로 편집해야 한다. 주인공의 움직임에 연결성이 부족할 때는 컷어웨이(Cutaway)나 인서트(Insert) 컷을 붙여 편집해야 한다. 드라마처럼 대상을 반복적으로 동작시키지 못하기 때문에 컷어웨이나 인서트 컷이 필요하다.

되도록 다양한 사이즈, 다양한 각도, 각각 다른 위치의 대상들로 편집을 해야 한다. 그러려면 움직이는 대상들이 포함된 전체 공간이 드러나는 풀 샷, 공간감을 줄 수 있는 오버 더 숄더 샷, 클로즈업과 같은 인서트 샷의 촬영이 선행되어야 한다.

'송 세르게이, 인생은 아름다워'

아리랑TV, 〈A Plus〉(ENG+스튜디오, 60분) a+ Trend 코너

좁은 방에 놓여 있는 침대 위에 세르게이와 친구 2명이 앉아 이튿날 있을 인형극을 준비하고 있다. 좁은 방이라 카메라의 위치와 높낮이를 다양하게 해 촬영했다. 촬영 공간이 좁을수록 연출자는 더 신경을 써야 한다.

컷 1: 풀 샷

카메라로 옆에서 잡은 모습이다. 좁은 방에 있는 세 사람의 모습이 한눈에 보인다. 가운데 인물이 주인공 송 세르게이다.

컷 2: 버스트 샷 – 클로즈업 샷

옆과 앞의 중간 지점에서 타냐가 인형극 대본을 보는 모습을 잡았다.

틸트 다운 → 줌 인

컷 3: 투 샷

목소리를 녹음하는 친구 보바의 모습이다. 일종의 오버 더 숄더 샷으로 주인공 세르게이와의
공간감을 보여준다.

컷 4: 원 샷

컷 5: 인서트 샷 – 클로즈업 샷

컷 6: 투 샷

이제 여자 친구가 노래를 녹음한다. 투 샷으로, 오버 더 숄더 샷의 일종으로 볼 수 있다.

컷 7: 원 샷

컷 8: 원 샷

세르게이가 즐겁게 듣고 있다.

편집된 컷들은 필자가 촬영 전 촬영자에게 되도록 다른 위치에서 다른 화면 사이즈로 잡아달라고 부탁한 것이다. 연출자 또는 촬영자가 되려는 독자들은 이러한 컷들을 단순한 그림으로 받아들이지 말고 머릿속에 기억해두었다가 촬영 현장에서 꼭 응용해보는 것이 중요하다.

05

5단계 이해

움직이는 피사체(사람, 동물, 자동차 등)의
장면 프레임 인과 프레임 아웃 편집법

 움직이는 피사체(사람, 동물, 자동차 등)를 2개의 편집 컷으로 연결할 때 편집하는 방법에
대해 알아보자.

1. 움직이는 피사체가 완전히 프레임 아웃 하기 전에 전 컷을 자르고, 조금이라도 움직이는 피사체가 프레임 인 된 상태에서 후 컷을 붙인다

편집의 단계를 상, 중, 하로 나눌 때 상급에 해당하는 편집법을 요구한다. 방송현장에서 흔히들 말하는 '프레임 편집'으로 편집 컷을 몇 프레임 줄이고 늘인다. ENG 카메라로 촬영한 1초 동영상이 29.97프레임이다. 특히 동일 피사체(사람, 동물, 자동차 등)의 움직임을 두 개의 컷으로 연결할 때 이 편집법이 필요하다.

1) 움직이는 피사체가 사물(자동차, 비행기, 기차 등)일 경우

전(前) 컷

전 컷 안의 움직이는 피사체가 완전히 프레임 아웃 하기 전에 자른다. 시골길을 달리는 자동차의 뒷부분을 3~5프레임 정도 살린다.

후(後) 컷

후 컷 안에는 움직이는 피사체가 아주 조금이라도 보인 상태에서 프레임 인 한다. 자동차가 3~5프레임 인 된 상태에서 도시로 들어온다.

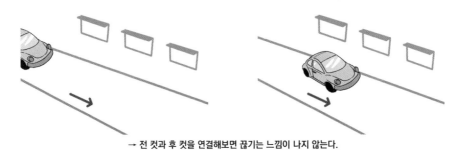

→ 전 컷과 후 컷을 연결해보면 끊기는 느낌이 나지 않는다.

2) 움직이는 피사체가 사람(또는 동물)일 경우

남자의 움직임에 초점을 맞췄다. 남자가 프레임 아웃 하기 직전의 컷에 남자가 프레임 인 한 컷을 붙여야 한다. 컷 2와 컷 3의 남자를 3~5프레임 살린 뒤, 붙이면 연결이 매끄럽게 보일 것이다. 동일한 인물이 한 장소에서 다른 장소로 이동할 때 끊기는 느낌이 나지 않는다.

남자 옷, 남자 머리

2. 전 컷과 후 컷 사이에 짧은 호흡을 주어 시간 경과를 보여준다

1) 전 컷에서 움직이는 피사체가 프레임 아웃 했을 경우

움직이는 피사체가 조금이라도 보인, 3~5 프레임 인 된 상태에서 후 컷이 붙는 것이 좋다. 짧은 호흡을 주기 위해 전 컷에서 움직이는 자동차가 완전히 프레임 아웃 하고도 0.5~2초 정도 놓아둔다. 단점은 움직이는 자동차가 프레임 아웃 한 후 단절된 느낌으로, 후 컷이 연결된다는 것이다.

전(前) 컷

후(後) 컷

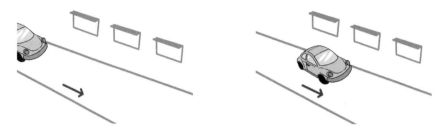

후 컷에서 자동차가 3~5 프레임 인 된 상태에서 도시로 들어온다.

2) 전 컷에서 움직이는 피사체가 조금이라도 보인 상태에서 후 컷과 연결할 때

후 컷이 비어 있는 상태에서 움직이는 피사체가 프레임 인 하는 것이 좋다.

전(前) 컷

전 컷 안의 움직이는 자동차가 완전히 프레임 아웃 하기 전에 자른다. 그림과 같이 시골길을 달리는 자동차의 뒷부분을 3~5 프레임 정도 살린다.

후(後) 컷

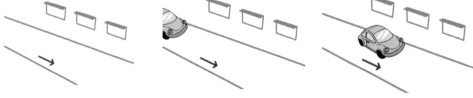

3. 전 컷과 후 컷 사이에 호흡을 많이 주어야 할 경우

비어 있는 상태에서 전 컷을 자르고, 비어 있는 후 컷을 붙인다. 전 컷과 후 컷 사이에 짧은 호흡을 준 경우
보다 더 긴 시간의 경과를 의미하지만 잘 사용하지 않는 편집법이다. 굳이 긴 시간의 경과를 줄 경우에는
전 컷 또는 후 컷의 비어 있는 상태를 좀 더 길게 주면 된다.

전(前) 컷

후(後) 컷

06

6단계 이해

연속해서 이어진 컷 중에
눈에 거슬리는 것이 있어서는 안 된다

1. 같은 카메라의 움직임이 반복되면 눈에 거슬린다

 팬 다음에 팬이 된 컷을 붙이거나 틸트 업 다음에 틸트 업 된 컷을 붙이는 경우가 그러하다.

1) 같은 카메라 움직임으로 연결된 컷들

컷 1	컷 2
팬	팬
풀 샷,	미디엄 샷,
인사동 거리 전경을 왼쪽에서 오른쪽으로	가판대에 놓인 기념품을 왼쪽에서 오른쪽으로

같은 카메라 움직임으로 컷을 연속해서 붙이면 화면 사이즈를 달리해도 눈에 거슬린다. 더욱 주의할 점은
같은 화면 사이즈에 같은 카메라 움직임으로 컷을 이어 붙여서는 안 된다.

2) 다른 카메라 움직임으로 연결된 컷들

컷 1	컷 2
팬	틸트 다운
풀 샷,	미디엄 샷,
인사동 거리 전경을 왼쪽에서 오른쪽으로	가판대에 놓인 기념품을 위에서 아래로

컷 2에는 컷 1과 화면 사이즈가 다른, 카메라 홀드나 틸트 다운이 어울린다. 여기서 **편집자들이 주의할 점은 연속된 컷들을 자연스럽게 붙여야 한다는 것이다.** 시청자들의 눈을 편안하게 하는 편집을 생각해야 한다.

2. 같은 카메라 위치에서 같은 방향으로 촬영된 장면을 다른 사이즈로 붙이면 눈에 거슬린다

 움직임이 있는 피사체를 촬영할 때, 같은 카메라 위치에서 같은 방향으로 촬영된 장면들을 다른 사이즈로 붙이면 눈에 거슬린다. 연결된 장면이 점프 컷처럼 툭 튀게 보이기 때문이다.

1) 움직이는 원 샷을 같은 카메라 위치에서 같은 방향으로 잡는다

샷 1

↑
카메라 위치

인도 뭄바이에 사는 한 아이를 머리에서 발끝의 풀 샷으로 원 샷을 잡는다.

↑
카메라 위치

웨이스트 샷으로 원 샷을 잡는다.

 아이가 손을 움직여서 샷 1에서 샷 2로 컷 편집할 때 툭 튀게 보인다.

2) 움직이는 투 샷을 같은 카메라 위치에서 같은 방향으로 잡는다

카자흐스탄의 구 수도 알마티시 어느 아파트 단지 내 풍경이다. 머리에서 발끝까지 풀 샷으로 투 샷을
잡는다. 벤치에 앉아서 고개와 손을 조금씩 움직이고 있는 할아버지와 손자를 정면에서 잡는다.

↑
카메라 위치

웨이스트 샷으로 투 샷을 잡는다.

↑
카메라 위치

 드라마처럼 할아버지와 손자에게 같은 동작을 주문하지 않는 한, 샷 1에서 샷 2로 컷 편집할 때 100% 툭 튀게 보인다.

3) 움직이는 그룹 샷을 같은 카메라 위치에서 같은 방향으로 잡는다

↑
카메라 위치

카자흐스탄의 구(舊) 수도 알마티시 어느 아파트 단지 내 풍경이다. 풀 샷으로 그룹 샷을 잡는다.

↑
카메라 위치

샷 1보다 작은 풀 샷으로 투 샷을 잡는다.

↑
카메라 위치

머리에서 무릎까지 투 샷을 잡는다.

↑
카메라 위치

드라마처럼 남자아이들에게 같은 동작을 주문하지 않는 한, 샷 1에서 샷 2, 샷 2에서 샷 3으로 컷 편집할 때 100% 툭 튀게 보인다.

3. 동일 피사체는 같은 방향으로 움직이는 컷들로 연결되어야 한다

ENG 촬영은 드라마 촬영과는 달리, 카메라 감독 또는 디지털 6mm 카메라 촬영자가 세밀한 촬영 순서 없이 촬영한다. 대체로 촬영 분량이 최종 편집분보다 3~6배가 많다.

만일 사전에 연출자의 지시가 없었다면 촬영자는 다양한 카메라 앵글과 화면 사이즈로 피사체(사람, 동물, 사물 등)를 촬영해야 한다. 그리고 주인공 또는 주된 인물이 움직인다면, 그 움직임을 끊지 말고 촬영해야 한다. 이야기 흐름을 바탕으로 한 영상의 흐름을 살리기 위해서이다. 편집할 때 카메라가 흔들리는 부분들을 잘라서 없애는 것은 쉬운 일이다.

연출자 또는 편집자는 프리뷰(Preview)를 통해 피사체의 움직임까지 면밀히 살펴야 한다. 주인공 또는 주된 인물이 왼쪽에서 오른쪽으로 움직이는 장면 다음에 붙이는 장면은 왼쪽에서 오른쪽으로, 또는 위에서 아래로 같은 방향으로 움직일수록 좋다. 반대 방향으로 움직이는 장면 2개를 서로 붙이면 편집점이 튀어 보이기 때문이다.

1) 피사체의 움직이는 방향이 다른 컷들

컷 1	컷 2
풀 샷, 인사동 거리 전경을 배경으로 피사체가 왼쪽에서 오른쪽으로 걸어간다.	미디엄 샷, 가게 안을 배경으로 동일 피사체가 오른쪽에서 왼쪽으로 걸어간다.

컷 1과 컷 2의 연결은 부드럽지 않게 보인다. 시청자의 눈을 편안하게 하는 편집이 잘하는 편집이다.

2) 피사체의 움직임이 자연스럽게 연결된 컷들

컷 1	컷 2
풀 샷, 인사동 거리 전경을 배경으로 피사체가 왼쪽에서 오른쪽으로 걸어간다.	미디엄 샷, 가게 안을 배경으로 동일 피사체가 왼쪽에서 오른쪽, 또는 아래에서 위로 걸어간다.

컷 1과 2의 화면 사이즈도 다르고 피사체의 움직임도 순방향이라 부드럽게 연결된다.

4. 주인공이 없을 경우에는 특히 다른 인물의 움직임을 잘 살펴야 한다

화면 안에 여러 명이 등장할 때는 눈에 띄는 인물을 찾아야 한다. 특히 주인공이 없을 경우에는 화면에 등장하는 인물들을 더 잘 살펴보아야 한다. 정적인 인물보다는 동적인 인물이 눈에 띄고, 설사 동일 인물이 아니더라도 그들의 움직임에 맞춰 컷을 붙이는 것이 좋다. ENG 촬영은 드라마 촬영과 달리 연출자의 통제 아래 있는 경우를 제외하고는 반복해 찍는 경우가 드물다.

아리랑TV의 〈Korea 101〉(ENG, 10분)의 '입어보자~ 한국의 전통 한복!' 편 중 일본 관광객들이 예지원을 방문하는 장면을 예로 들어보자. 방송된 편집 순서이다.

일본 관광객들이 관광버스에서 내린다. 이 컷에서 두 번째로 내린 백발의 할머니가 눈에 띈다. 할머니가 왼쪽으로 걸어가서 프레임 아웃 한다.

줌 아웃 한 다음 틸트 다운

회색 옷을 입은 여인이 프레임 인 해서 걸어 들어온다. 컷 1과 컷 2에 등장하는 사람은 다르지만 움직임의 연결은 좋다. 컷 1은 백발의 할머니가 오른쪽에서 왼쪽으로 움직였고, 컷 2에서도 회색 옷을 입은 여인이 오른쪽에서 걸어 들어와 위쪽으로 걸어 올라갔기 때문이다. 그리고 컷 1에서 백발 할머니가 옆모습을 보이고, 컷 2에서 회색 옷을 입은 여인이 뒷모습을 보인 것도 컷을 연결하는 데 많은 도움을 줬다.

자동 유리문이 열리면서 남녀 관광객이 들어온다. 특정한 인물이 아닌 서너 명의 움직임에 초점을 맞췄다. 시청자들은 컷 2에서 이미 여러 사람의 움직임을 봤기 때문에 컷 3에서는 흐름에 주안점을 두었다. 게다가 컷 2는 뒷모습, 컷 3은 앞모습이라, 두 컷의 연결이 더 부드럽다(촬영자는 컷 2를 촬영한 후 계단으로 올라와 컷 3을 촬영한다. 관광객의 흐름을 끊지 않기 위해 민첩하게 움직여야 한다).

관광객들이 다른 방으로 들어가는 모습을 뒤에서 촬영했다. 컷 3이 걸어 올라오는 관광객들의 앞모습이고, 컷 4가 왼쪽에서 오른쪽으로 걸어가는 관광객의 뒷모습이라 두 컷은 연결하기에 좋다.

이 네 컷은 화면 사이즈가 비슷하지만 등장인물들이 계속 움직이고, 흐름(방향)도 부드럽다. 만일 이 컷 중 정지된 컷이 들어가면 연결이 부자연스러워진다. 눈엣가시처럼, 눈에 걸리는 편집은 잘못된 것이다.

5. 가상선을 벗어나기 전과 후 장면을 연속해서 붙이면 눈에 거슬린다

촬영할 때는 피사체를 중심으로 180도 범위에서 촬영한다. 가상선이란 피사체 뒤로 눈에 보이지 않게 그어진 180도 선이다.

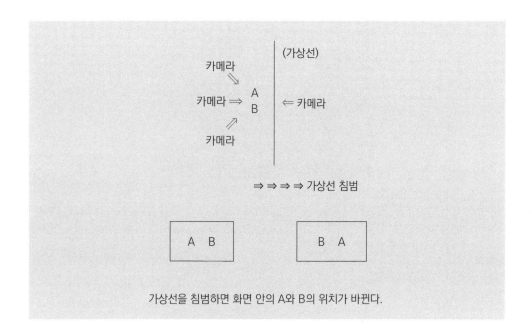

가상선을 침범하면 화면 안의 A와 B의 위치가 바뀐다.

07

7단계 이해
인터뷰 편집하는 법

보거나 듣기에 장면이 부드럽게 전환되어야 한다.

인터뷰이의 말이 끝나더라도 바로 자르지 말고 조금의 여운을 남기는 것이 좋다. 여운의 길이는 상황에 따라 5프레임(Frame), 10프레임, 15프레임, 20프레임, 1초가 될 수 있다. 화자의 감정 섞인 표정이 다른 어떠한 장면보다도 중요할 때는 1초 이상 길게 여운을 남길 수 있다. 여기서 자른다는 말은 컷한다는 의미다. 편집할 때 즐겨 쓰는 첫 번째 컷, 두 번째 컷과 혼동되지 않게 하기 위해 자른다는 표현을 썼다.

인터뷰 편집은 다른 편집과 비교해도 결코 쉽지 않다. 화자에게서 단번에 원하는 답변을 듣는 경우는 1%도 되지 않는다. 적게는 1분, 많게는 30분 넘게 출연자와 대화하며 촬영한 장면을 잘라 편집하므로, 명확한 구성안과 세련된 편집 기술이 필요하다.

명확한 구성안이 없으면 최소한 연출자가 OK된 인터뷰들을 모아야 한다. 구성안과 제작 의도에 적합한 OK된 인터뷰들을 모으다 보면 새로운 제작 방향이 떠오를 수 있다. 일반인이든 전문가든 시청자의 관심을 끌 만한 사실을 말하기 때문이다. 그 사실이 담긴 인터뷰는 인터뷰 전과 후 시퀀스를 이해시키는 역할뿐만 아니라 전체 프로그램의 흥미를 높일 수 있는 주요 포인트가 된다.

인터뷰 편집은 크게 3가지 방법으로 접근할 수 있다.

인터뷰 다음에 장면을 붙이거나, 장면 다음에 인터뷰가 나오거나, 인터뷰 다음에 인터뷰를 연결시키는 것이다. 여기서 포인트는 흐름에 가장 적합하게 인터뷰 내용을 살리는 것이다. 그리고 인터뷰이가 표현한 감정 또한 최대한 살려야 한다.

 DSLR 5D Mark 시리즈, 디지털 6mm 등 ENG 카메라로 촬영된 동영상 1초는 29.97프레임이다. 프레임은 동영상의 가장 작은 단위다.

1. 인터뷰 + 장면(Scene)

1) 화자가 "…… (했습)니다"라고 한 다음에 자를 경우

"…… (했습)니다"라는 말 다음에서 쉽게 자를 수 있다. 그래도 말이 끝나고 5~15프레임 정도의 여유는 주는 게 좋다.

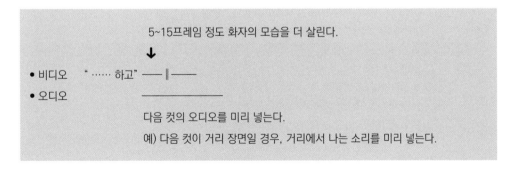

5~15프레임 정도 화자의 모습을 더 살리는 것이 좋다(1초=29.97프레임).
↓
- 비디오 " …… (했습)니다." ──‖──
- 오디오 ─────────
다음 컷의 오디오를 미리 넣는다.
예) 다음 컷이 거리 장면일 경우, 거리에서 나는 소리를 미리 넣는다.

2) 화자가 "……(하)고" 다음에 자를 경우

"……(하)고" 다음에 화자가 계속 말을 하고 있다. 뉴스에서는 "……(하)고" 다음에 5~15프레임 정도 화자의 모습을 더 살리고 오디오를 없애는 경우가 많다. 오디오를 없앤 부분을 무음으로 처리하는 것보다 다음 장면에 나오는 오디오를 미리 넣어 컷이 부드럽게 넘어가도록 하는 것이 좋다.

5~15프레임 정도 화자의 모습을 더 살린다.
↓
- 비디오 " …… 하고" ──‖──
- 오디오 ─────────
다음 컷의 오디오를 미리 넣는다.
예) 다음 컷이 거리 장면일 경우, 거리에서 나는 소리를 미리 넣는다.

2. 장면 + 인터뷰

1) 장면 다음 컷으로 인터뷰가 온다

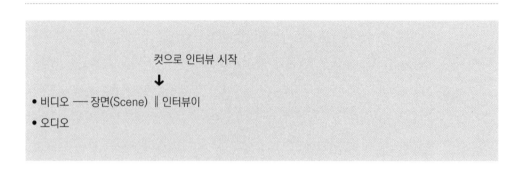

2) 장면이 끝나기 직전에 인터뷰 오디오를 먼저 넣고, 디졸브(Dissolve) 효과를 준다.

- 비디오 — 장면(Scene) ——— ‖ 인터뷰이
- 오디오   ↑

5~15프레임 정도 먼저 인터뷰이의 오디오를 넣는다(인터뷰 시작).

3. 인터뷰 + 인터뷰

인터뷰 다음에 장면이 아닌 인터뷰가 붙을 경우, 먼저 신경을 써야 할 부분이 있다. 인터뷰이들의 시선을 생각하면서 다음 인터뷰이의 인터뷰 장면을 붙여야 한다. 앞 사람이 오른쪽을 보고 있으면, 다음 사람은 왼쪽을 보고 있어야 한다.

1) 인터뷰이의 시선 방향을 서로 반대로 해야 한다.

컷 1과 컷 2 사이, 컷 2와 3사이는 "……하고", "……지만" 등의 접속어로 끝나야 한다. 그리고 컷 3의 끝은 "……니다"로 처리하는 게 깔끔하다. 컷 1~3까지는 어떤 질문 또는 주제에 관해 한 사람이 말하듯 연결 부분이 부드럽게 넘어가야 한다.

08

8단계 이해

클로징(Closing) 부분에서
감정을 최대치로 고조시키는 방법

클로징 인터뷰에 말하는 사람의 감성이 담길 경우에는 감정을 고조시키는 편집법을
더 적극적으로 적용해야 한다.

주인공이 사람이나 동물인 경우에는 클로징 인터뷰에 따뜻하고 진솔한 마음이 담길 수 있다. 이럴 때 일반적인 클로징 편집이 아닌 감정을 고조시키는 편집을 적용하면 시청률을 올리게 된다.

1. 일반적인 클로징 부분

보통 ENG 방송 프로그램의 클로징 부분은 클로징 인터뷰 다음에 클로징 영상을 붙인다. 클로징 영상은 촬영했던 장면 중 가장 나은 것들로 편집하고 영상에 알맞게 음악을 넣는다.

클로징 인터뷰는 촬영했던 인터뷰들 중 클로징 느낌이 나는 것으로 선별해야 한다.

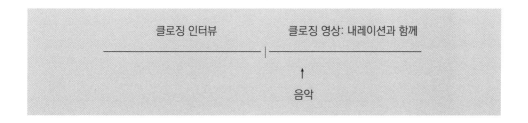

2. 클로징 부분에 감정을 고조시키는 방법

1) 클로징 인터뷰 전 클로징 영상이 짧고, 클로징 인터뷰도 짧을 경우

클로징 영상 중 일부분 또는 반 정도를 클로징 인터뷰 앞에 둔다. 그리고 그 클로징 영상에 음악을 넣어 클로징 인터뷰와 뒤따라오는 클로징 영상까지 계속 가게 한다. 클로징 인터뷰에는 음악을 배경으로 낮게 깔고 뒤따라 나오는 클로징 영상에는 음악을 올린다.

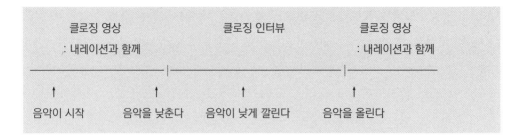

클로징 영상   클로징 인터뷰   클로징 영상
: 내레이션과 함께   : 내레이션과 함께

음악이 시작   음악을 낮춘다   음악이 낮게 깔린다   음악을 올린다

같은 음악을 클로징 부분에 넣는 것이 좋다. 클로징 인터뷰가 30초 이내일 경우에 그렇다.

사례 1 '사할린 한인 동포들의 고향 노래'

아리랑TV, 〈A Plus〉(ENG+스튜디오, 60분) 8·15 특집

8월 17일 방송된 이 프로그램은 16분 ENG물로 사할린에서 영주 귀국한 할아버지와 할머니 몇 분을 심층 취재했다. 60년 넘게 살아온 사할린 땅을 저버리고 한국 국적을 취득해 영주 귀국한 할아버지와 할머니들에게는 또 다른 이산의 고통이 있었다. 현재 사할린 땅에 살고 있는 자식과 손자를 뼈저리게 그리워하고 있었다.

방송된 클로징 부분 원고 내용

VIDEO	AUDIO
➡ 애잔한 음악이 스니크 인(Sneak In) 된다.	
# 우산 쓰고 걷는 뒷모습 / 옆모습 19초	깊은 주름살에 배어 있는 온갖 수난의 시간들과 조국을 향한 기다림의 시간들은 지났다. 하지만 이들은 아직까지 서글픈 고향 노래를 부르고 있는지 모른다.

VIDEO	AUDIO
➡ 애잔한 음악을 낮춰서 인터뷰 배경으로 낮게 깐다.	
김형태(85) 인터뷰	그때는 내가 고향 생각만 했지, 일을 하면서도 배워야겠다는 생각은 크게 없었어. 아무 때라도 고향에 가야 된다는 생각뿐이었지. 저 바다를 건너서
➡ 애잔한 음악을 올려서 끝까지 간다.	
# 우산 쓰고 두 사람 실루엣 12초	망향의 설움을 달래기 위해 불러야 했던 노래를 지금은 고국 땅에서 또다시 헤어진 가족을 그리워하며 부르고 있다.
➡ 내레이션이 끝나면 약 2초 있다가 음악을 내린다.	

2) 클로징 인터뷰 전 클로징 영상이 길고, 클로징 인터뷰도 길 경우

클로징 인터뷰 전 클로징 영상이 길고 클로징 인터뷰도 길 경우에는 다음과 같이 처리하는 것이 좋다. 클로징 인터뷰 시작점에서 음악을 스니크 아웃 하고, 인터뷰 중간에 클로징 인터뷰 전에 사용했던 음악 또는 다른 음악을 사용해 스니크 인 한 뒤 인터뷰 배경으로 낮게 깔다가 인터뷰 다음 클로징 영상이 나오면 올려서 간 뒤 마무리를 한다. 내레이션이 끝나면 약 2초 있다가 음악을 내린다.

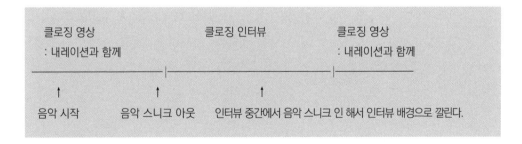

스니크 인(Sneak In)

오디오 편집에서 사용하는 용어로 음악 또는 현장 음을 부드럽게 넣는 것을 의미한다.

스니크 아웃(Sneak Out)

오디오 편집에서 사용하는 용어로 음악 또는 현장 음을 부드럽게 빼는 것을 의미한다.

사례 2 '조국을 잃어버린 사할린 한인들'

아리랑TV, 〈A Plus〉(ENG+스튜디오, 60분) 8·15 특집

8월 10일에 방송된 30분 ENG물로, 러시아 사할린과 한국에서 여러 부분을 취재했다. 2부작 형식으로 1부 18분을 끝내고, 스튜디오에서 MC가 한 번 받고, 2부 11분을 방송했다.

방송된 1부 클로징 부분 원고 내용

VIDEO	AUDIO
➡ 애잔한 음악이 스니크 인 된다.	
# 두 번째 비석이 보이면 12초	낯선 땅에서 힘겨운 생을 이어갔지만 결국 낯선 땅에서 숨을 거두고 묻혀야 했던 한국인들.
# 나란히 보이는 두 개의 비석 팬 21초	일제의 강압으로 동토의 땅 사할린에 보내져 평생을 고국을 그리며 살았던 사할린 한인들. 제국주의적 침략의 희생과 냉전 구도의 지배에 의해 강제된 삶을 살아야 했던 사람들.

VIDEO	AUDIO
# 부부 사진 보이는 비석 클로즈업 15초	조국을 떠날 때 청년이던 이들은 이미 세상을 달리한 경우가 대부분. 살아 있어도 이제 백발의 노인이 돼 있다.
# 비석 앞에 서 있는 남자/이름 새겨진 비석 6초	(보고)

➡ 애잔한 음악이 스니크 아웃 된다.

임태환(72) INT	어머니가 원래 삼 남매를 데리고 아버지를 찾으러 왔던 거예요. 아버지가 이중 징용 걸려서 일본 탄광으로 가셨습니다. 그 이후 어머니가 우리를 키워주셨는데 애를 많이 쓰셨습니다. 별일을 다 하시면서 우리를 먹여 살렸습니다. 그리고 85년에 세상을 떠나버렸습니다.

➡ 다른 애잔한 음악이 스니크 인 돼서 끝까지 간다.

전에 어머니가 그렇게 애를 쓰시면서 기다리시고 기다리시다가 우리는 언제 한국으로 갈까. ……
어느 날은 기러기 떼가 한국으로 날아가는 것을 보고 ……. '애들아 이것 좀 봐라. 기러기들도 한국
으로 찾아가는데 우리는 언제 한국으로 가냐'고 …… 말했어요. 그렇게 살면서…… 돌아가셨어요,
85년에…….

| # 할아버지 얼굴, 눈물

11초 | 국가의 비운으로 인한 사할린 한인들의 비극적인 삶은 깊이 팬 주름만큼이나 가슴 깊이 응어리져 있다. |

➡ 내레이션이 끝나면 약 2초 있다가 음악을 내린다.

 클로징 인터뷰 전 클로징 영상이 54초(12+21+15+6)로 길고, 클로징 인터뷰 또한 1분 정도 되기 때문에 한 음악을 계속해서 넣을 수가 없었다.

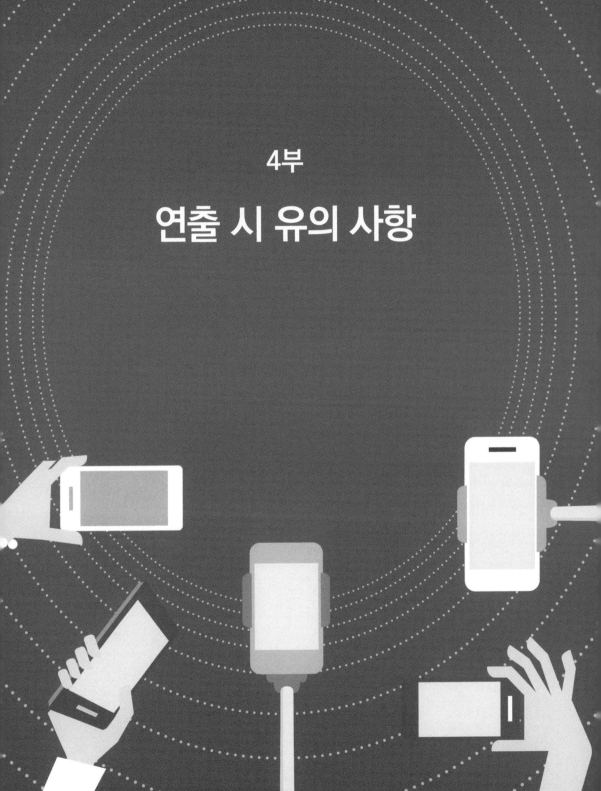

4부

연출 시 유의 사항

01

연출자는 이야기를 풀어나가는
힘이 있어야 한다

연출 경험이 쌓이면서 연출자의 내면에 ENG 방송 프로그램의 이야기를 스스로 풀어낼 수 있는 힘이 생긴다. 그 힘은 사연 많고, 고통스럽고, 기억에 남는 수많은 경험을 하는 가운데 나오는 것이다. 그 힘을 갖춘 연출자만이 미래에 부딪힐지 모를 고통과 난관을 극복할 수 있다. 제작 과정에서 발생하는 크고 작은 변수들을 하나씩 차분히 정리하면서 연출하는 ENG물이 무엇인지를 자신 있게 말하는 것이다. 연출자는 설사 흔들리더라도 꺾이지 않는 힘을 가져야 한다.

ENG 방송 프로그램을 배우려는 일반인들과 방송 현장의 초보 연출자들에게 이 말을 제일 먼저 끄집어내는 것은 연출을 하는 데 제일 중요하기 때문이다. 이 말을 처음에는 이해하지 못할지라도 머리와 가슴에 깊이 넣어두길 바란다. 만일 만들고자 하는 제작물이 있다면, 완성이라는 목표를 설정해놓고, 그곳으로 가는 험난하고 복잡한 길 곳곳에 세워진 안내판, 즉 촬영과 편집의 단계별 접근과 이해들을 찾아야 한다.

02

촬영할 때 드러나는
객관성을 따라야 한다

ENG 방송 프로그램의 근간은 도덕성과 객관성이다. 이를 무시하고 제작했다가는 시청자들에게 질타를 받고 얼마 지나지 않아 막을 내려야 한다.

연출자는 촬영 전, 촬영 중, 촬영 후 언제든 도덕성과 객관성을 가슴에 품고 있어야 한다. ENG물의 도덕성과 객관성에 흠집이 있는 것을 발견하고도 제작 의도에 집착해 촬영 중이나 후에 기존의 의도대로 진행할 수 있다. 연출자도 사람인지라 혼자서 판단하고 행동하다 보면 충분히 그럴 수 있지만, 그런 상황에서조차 중심을 잡고 객관성 있게 흔들림 없이 걸어가야 한다.

바꾸고 싶지 않은 제작 의도가 있다고 할지라도, 연출자는 촬영 중에 현장 조사나 인터뷰로 밝혀지는 객관성(진실)을 최대한 고려해야 한다.

"물이 흐르는 대로 몸을 맡겨라"라는 옛말이 있듯이, 연출자는 그 촬영 아이템에서 보이는 객관성을 여러 각도로 확보하고, 좀 더 확고한 객관성을 가지기 위해 심도 있게 다가가야 한다.

연출자의 제작 의도는 언제든 수많은 시청자들에게 여러 가지 해석을 낳게 할 수 있다. 연출자는 항상 자신의 생각과 타인의 의견, 드러난 사실을 재료 삼아 백지에 누가 봐도 타당한 프로그램을 그려야 한다. 이것이 연출자가 가져야 하는 가장 기본적인 가치관이다.

03
프로그램을 제작할 때는
삼각 구도를 유지해야 한다

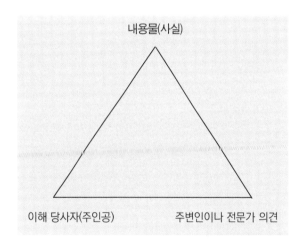

ENG 방송 프로그램이 객관성을 확보하려면 이해 당사자(주인공), 내용물(사실), 주변인이나 전문가의 의견이 필요하다. 세 요소가 균형을 유지할수록 해당 ENG물의 객관성이 시청자에게 잘 전달될 수 있다. 초보 연출자일수록 내용물(사실)과 이해 당사자(주인공)에만 초점을 맞추는 경우가 많다.

시사, 경제, 역사, 과학을 다루는 ENG 방송 프로그램일수록 반드시 이 원칙을 지켜야 한다. 휴먼 스토리 ENG물과는 달리 많은 관계자와 전문가의 의견이 반드시 필요하다.

04

시시각각 변하는 촬영 현장을
잘 관찰해야 한다

**감정이 불안한 주인공이나 출연자를 촬영할 때,
연출자는 속내를 드러내지 않고 그의 감정 상태를 계속 점검해야 한다.**

상황에 따라 연출자는 ENG 카메라 감독 근처나 멀리서 변화하는 촬영 현장을 바라봐야 한다. 계속 상황이 바뀔 경우, 연출자는 카메라 감독 바로 뒤에서 은밀하고 속삭이듯 지시해야 한다. 그리고 상황이 안정적으로 바뀌면 대략적으로 촬영을 지시하고, ENG 카메라 감독과 다소 떨어진 거리에서 주변을 살펴야 한다. 다음에 촬영할 부분을 미리 생각하기 위해서이다. 시시각각 변화하는 촬영 현장에서 최단 시간에 최고의 성과물을 뽑아내는 방법이다.

스태프가 일할 때는 쉬지 않고 일하도록 하고, 쉴 때는 편히 쉬도록 하는 것이 연출자의 능력이다. 촬영을 끝내고 스태프에게 휴식 시간을 주는 것은 매우 중요하다. 다음 장소 촬영을 위해서도 필요하고, 스태프가 연출자에 대해 호감을 갖게 하는 데도 유효하다. 촬영 현장에서 연출자가 능력이 있고 스태프를 잘 통제한다는 생각을 심어주는 것도 훗날을 위해 필요하다.

필자가 SBS 〈순간포착 세상에 이런 일이〉 코너 ENG물을 연출할 때였다. 어느 50대 남자가 한 달 중 반을 무덤 속에서 산다는 제보를 듣고, 강원도 강릉시 대포동(강동면 안인진리)에 있는 그 남자의 집을 찾아간 적이 있다. 방 안에서 뿜어 나오는 기운은 싸늘했다. 방바닥은 양말을 신었는데도 얼음장처럼 차가웠고, 향이 모락모락 피어오르는 상 위에는 아내의 영정이 놓여 있었다. 그는 몇 년 전 교통사고로 죽은 아내의 부활을 믿고 있으며, 기도문을 쓴 혈서를 태워 날린 적도 있다고 했다.

이런 출연자를 접할 경우, 연출자는 속내를 드러내지 않고 초 단위로 출연자의 감정 상태를 점검해야 한다. 무슨 일이 발생할지 모르기 때문이다. 그 남자는 자신만의 정신세계에 갇혀 있는 듯했다. 생전에 잘해주지 못했던 아내에 대한 사랑이 너무도 강하게 남아 있었다. 그는 집착도 강했지만, 마음이 여렸고 흔들렸다. 이럴수록 연출자는 출연자의 기분을 맞춰주면서 원하는 것을 얻어내야 한다.

결국 그가 은밀히 마련한 아내의 무덤에 갈 수 있었다. 무덤은 공동묘지 한편에 자리 잡고 있었다. 겉으로 보기에는 봉분 형태의 무덤이었지만, 비석 아래로 비밀 통로가 있었다. 한 사람이 겨우 들어갈 수 있는 통로를 지나자 3평 정도의 사각형 공간이 나왔다. 바닥에는 대리석 관 뚜껑 2개가 보였다.

필자는 디지털 6mm 카메라를 든 후배에게 눈짓으로 남자와 필자를 잡으라고 지시했다. 필자와 그 남자가 어디에 어떻게 앉아 있는지 시청자에게 보여주기 위해서였다. 실제 아내의 시신은 필자가 앉아 있는 대리석 밑에 있었다. 깨어진 대리석의 가장자리 틈으로 아내의 시신이 얼핏 보였다. 붉은빛이 감돌고 있었다. 아내의 사체를 방부 처리해 관 속에 넣고 관리하는 것 같다고 생각했지만, 겉으로는 전혀 내색하지 않았다. 필자는 아무렇지 않은 듯 덤덤하게 질문을 이어나갔다. 겁을 먹거나 놀라 상대방을 불안하게 하면 그때까지의 노력이 단숨에 사라질 수도 있었다.

그는 자신의 괴로움을 하소연하듯 털어놓기 시작했다. 남에게 온전히 열어 보인 적 없는 그의 마음을 연출자가 얻은 것이다. 그는 한 달에 일주일 내지 열흘을 무덤 속에서 지내다가 집으로 간다고 했다. 마지막에는 속내까지 털어놓았다.

촬영 후 몇 년이 지나, 그는 자신의 바람대로 그리던 아내 곁에 묻혔다. 진심으로 고인의 명복을 빈다. 그에게 죽음은 또 다른 시작일 수도 있다.

연출자는 일반인들이 접할 수 없는 상황들에 직면하는 경우가 매우 많다. 촬영 현장도 다양하고, 만나는 사람도 다들 다르다. 아주 평범한 사람들도 '참 다루기 힘들구나'라는 생각이 순간순간 드는데, 특이한 출연자들을 접할 때는 고도의 신경전을 펼치며 스스로 마음을 가다듬어야 한다. 이를 위해 지속적으로 출연자를 촬영 현장에서 관찰해야 하는 것이다.

이 책의 전체 흐름을 위해 여기서 한 번 더 강조하는 대목은 연출자의 내공(內功)이다. 탄탄한 연출 기본기를 다진 연출자는 책을 많이 읽고 많은 경험을 해야 한다. 궁극적으로는 상대방을 통제할 수 있는 힘을 가져야 한다.

05

프롤로그를 어떻게 할지
고민해야 한다

프롤로그는 ENG 방송 프로그램에서 중요한 역할을 한다. 잘 만든 프롤로그는 시청자의 관심을 끌어 계속 또는 끝까지 보게 만든다. 촬영 전 구성안대로 프롤로그가 진행될 수도 있지만, 대개는 촬영하면서 바뀐다. 결국 촬영 현장에서 연출자가 프롤로그를 어떻게 만들지 결정해야 한다.

프롤로그는 제작 과정에서 찾아낸 주요 볼거리 중에서 선택하는 경우가 많다. 가장 재미있는 볼거리 중 일부를 뽑아 프롤로그로 사용할 수 있다. 또는 두 번째나 세 번째 볼거리 중 일부를 뽑아 프롤로그로 사용할 수도 있다.

중요한 것은 어떠한 것을 사용하더라도 시청자의 관심을 끌어야 한다는 점이다. KBS에서 제작한 다큐멘터리 가운데 물에 관한 것이 있었다. 제목은 생각나지 않지만 프롤로그에서 봤던 장면은 지금도 잊히지 않고 또렷이 남아 있다. 아프리카 케냐의 어느 마을에서 수많은 주민들이 빈 물통을 들고 기다리고 있었다. 물탱크에 물을 가득 실은 차가 도착하자, 물을 얻기 위해 주민들은 필사적으로 싸웠다. 물을 실은 차는 물을 다 주지도 않은 채 서둘러 가버렸다. 주민들의 표정은 절망으로 바뀌었다. 그들 중 1명이 울

부짖었다. 물 1리터만 달라고, 지난 일주일 동안 물 한 모금 마시지도 못했다고 ······.

채널을 돌리다가 우연히 본 그 프롤로그 때문에, 필자와 가족들은 그 다큐멘터리를 끝까지 보았다. 타이틀 다음의 내용이 궁금했기 때문이다. 프롤로그에 나왔던 장면은 다큐멘터리 종반부에 다시 나왔다.

다음은 필자가 중앙아시아의 카자흐스탄에서 직접 연출한 ENG 방송 프로그램이다. 그곳에 거주하는 고려인 송 세르게이(52세)는 20대 중반에 사고를 당해 하반신을 사용하지 못했다. 그는 인형극에 삶의 의미를 두고 있었다. 인형극을 보는 아이들이 기뻐하는 데서 삶의 행복을 찾는다고 했다. 현지 코디네이터에게서 이틀간 인형극 공연이 있다는 이야기를 들었다. 필자는 공연 첫날 공연장에서 프로그램을 어떻게 구성할지 다시 생각했다. 두 번의 공연이 아무리 재미있다 하더라도 연속해서 붙이는 것은 무리가 있었다. 첫날 공연은 마을 주민이 대상이었고, 둘째 날은 군부대 어린이집에서 하기로 돼 있었다. 그래서 첫날 공연으로 프롤로그를 구성하기로 마음먹었다. 프롤로그는 재미와 호기심을 자아내야 한다. 어떤 식으로 보여줄지 머릿속으로 그려보았다.

1) 연출자의 머릿속에서 그려본 프롤로그

카자흐스탄 알마티의 어느 마을, 사람들이 모여 있다. 그리고 교회 도서관으로 줄지어 들어오는데, 기대에 찬 아이들의 표정이 궁금증을 자아낸다. 이곳에 무슨 일이 있는 것인가?

박수 소리와 함께 인형극이 시작된다. 웬 인형극?

빨간색 재킷을 입은 인형이 아이들을 웃기기 시작한다. 급기야 아이들이 웃고 박수를 치며, 인형의 율동에 맞춰 동작을 따라 한다. 빨간색 재킷을 입은 인형이 누군가의 무릎에 놓여 있고, 그는 휠체어를 타고 있다. 휠체어에 앉는 그가 빨간색 재킷을 입은 인형을 다시 들어 올려 능수능란하게 조종한다. 그리고 아이들에게 재미나게 외친다.

이 사람이 바로 시청자들이 만날 주인공이다.

〈방송된 프롤로그〉

컷 1: 풀 샷	컷 2: 그룹 샷
카자흐스탄 알마티시 어느 마을에 아이들이 모여 있다. 	아이들이 모여 있다. 
컷 3: 교회 도서관(실내)	**컷 4: 그룹 샷**
도서관으로 줄지어 들어오는 아이들 	아이들과 엄마들이 들어온다. 

컷 5: 기다리는 아이의 귀여운 얼굴

줌 인 → 원 샷

컷 6: 풀 샷	컷 7: 주연 인형 원 샷
박수 소리와 함께 인형극이 시작된다. 자리는 빽빽이 차 있다.	빨간 재킷을 입은 인형이 연극 시작을 알린다.

컷 8: 웃는 아이 원 샷

컷 9: 웃는 아이들 모습에서 인형극을 하는 무대로 팬

팬(Pan) →

컷 10

아이들이 동작을 따라 한다.

컷 11

무대 뒤편에 휠체어 타고 있는 남자가 있다. 그가 빨간 재킷을 입은 인형을 들어 올려 움직인다.

틸트 업 →

컷 12: 남자 얼굴 클로즈업

아이들에게 재미나게 외친다.

타이틀: '송 세르게이, 인생은 아름다워'

06 주요 볼거리는
두 개 이상 확보해야 한다

　시청자들의 관심을 끄는 것이 볼거리다. 볼거리는 촬영 전이나 촬영 중에 반드시 확보해야 하고, 편집할 때도 볼거리를 편집구성안에 넣어 적절히 보여주어야 한다.

　방송계에서 일하는 사람들은 볼거리를 야마(산을 뜻하는 일본어)라고 한다. 볼거리가 없으면 방송 프로그램은 존재 이유가 없어진다. 아이템을 선정하고 구성할 때 준비한 볼거리가 촬영 현장에서 없어지는 경우도 있지만, 뜻하지 않게 얻어지는 경우도 있다. 하지만 운으로 볼거리를 얻는 경우는 10%도 되지 않는다.

　주요 볼거리 2개는 ENG 방송 프로그램에 재미를 줄 수 있는 최소 단위이다. 촬영 과정에서 자연스럽게 볼거리를 얻지 못했다면 연출을 해서라도 확보해야 한다. 촬영 장소에 맞춰 일반인이나 리포터 등 출연자를 활용해 재미있는 상황을 연출해야 한다. 볼거리는 ENG 방송 프로그램 흐름에 강약을 주기 위해 절대적으로 필요하다. 10분 ENG물일 경우 볼거리 하나의 길이는 보통 30~60초이고, 다큐멘터리 성격이 강한 60분 ENG물일 경우 볼거리 하나의 길이는 앞의 6배에 해당하는 3~6분 사이이다.

07

촬영 현장에서 감성적인 요소를
찾아야 한다

프로그램의 성격에 따라 감성적·시사적·내용적 측면에서 추구하는 정도가 다를 수 있다. 휴머니즘이 강한 프로그램이라면 연출자는 촬영 현장에서 감성적인 요소를 찾아 화면에 표현해야 한다. 전체 촬영 과정으로 보면 아주 작고, 그냥 지나칠 수 있는 일이지만, 연출자의 생각을 표현한 그 작은 일이 시청자들에게는 기대 이상으로 크게 다가갈 수 있다.

사례 1 〈조선 마지막 황태손 이구〉

아리랑TV 다큐멘터리(60분) 중 한 부분

아리랑TV에서 방영한 다큐멘터리 〈조선 마지막 황태손 이구〉를 예로 들어보자.
필자는 이 다큐멘터리에 감성적 요소가 가미되었다면 더 좋은 프로그램이 될 수 있었다고 생각한다.
황태손 이구는 조선의 마지막 황태자 영친왕과 일본인 아내 이방자 여사 사이에서 태어났다. 일본

에서 자란 그는 한때 미국에서 공부하며 미국인 아내와 결혼해 생활했다. 다음의 사진 속 로마네스크 건물이 아카사카 프린스 호텔 구관으로 영친왕과 이방자 여사가 신혼살림을 했고 황태손 이구가 태어난 곳이다. 그는 사망하던 날 사진 뒤편에 보이는 현대식 고층 빌딩 아카사카 프린스 호텔 신관에서 자신이 태어난 구관을 내려다보았을 것으로 추정된다.

방송본
담당 연출자는 저택(아카사카 프린스 호텔 구관) 외경과 창문들을 보여주면서 내레이션으로 황태손 이구가 자랐고 죽은 곳이라고 설명했다. 감성적인 멘트를 넣었지만, 화면으로 표현하는 데는 한계가 있었다.

개선안

만일 연출자가 화면에 등장했었다면 어땠을까?
연출자가 넓은 마당에 쓸쓸히 앉아서 손으로 땅바닥을 아련히 쓰다듬는다. 그리고 천천히 디졸브 되어 황태손 이구의 어릴 적 사진으로 이어진다.

황태손 이구가 어렸을 때 자랐던 곳

샷 1

내레이션(애잔한 음악과 함께)
"몰락한 조선 왕조의 마지막 황태손 이구는 이곳에서 어린 시절을 보냈다."

연출자가 저택을 배경으로 넓은 마당에 쓸쓸히 앉아 있다. 어깨 너머로 저택이 보인다.

연출자의 팔뚝에서 바닥을 쓰다듬는 손으로 서서히 줌 인 한다(시청자들에게 그 느낌을 전달하는 효과를 준다).

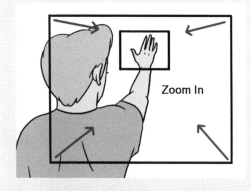

Zoom In

내레이션
"시대의 아픔을 겪어야 했던 어린 그에게는 편안한 보금자리였고 조그마한 성이었다.

줌 인 되고 난 다음 홀드를 조금 주고 샷 3으로 천천히 디졸브 한다.

샷 1에서 샷 3까지의 편집 길이는 약 20초다. 여기에 추가로 드는 제작비는 없고, 필요한 추가 장비도 없다. 단지 감성적인 요소를 넣어야겠다는 연출자의 생각만 있다면 간단하게 촬영할 수 있는 부분이었다. 연출자는 샷 1에서 저택을 배경으로 앉아 있다가, 샷 2에서 손으로 바닥을 어루만지기만 하면 되는 것이다.

황태손 이구가 자랐던 저택 외경과 창문들만으로 편집하는 것보다 시청자들의 감성을 한결 더 불러일으킬 것이다. 샷 1, 2, 3의 순서로 편집하고 애잔한 음악과 내레이션을 넣는다면, 시청자들은 황태손 이구의 어린 시절을 좀 더 피부로 느껴 그의 불운한 삶을 이해하게 될 것이다.

사례 2 '언청이 강아지'

SBS, 〈순간포착 세상에 이런 일이〉(ENG+스튜디오, 60분) ENG 코너

언청이로 태어난 강아지를 사랑으로 돌보는 어느 여인의 이야기를 직접 연출한 적이 있다. 여인은 젖병에 담은 우유를 강아지에게 먹이고, 코에 고인 우유 찌꺼기를 입으로 쭉 빨아 뱉어냈다. 시청자들이 보기에 비위가 상할지 모르지만, 여인은 아랑곳하지 않고 애정 어린 행동으로 강아지를 보살폈다. 그 여인은 집에 다른 개 10마리도 같이 키우고 있었다. 언청이 강아지를 충북대학교 수의학과로 데려가면서 고칠 수 있다는 막연한 기대도 했지만, 어려운 수술인 데다 수술을 하더라도 생명에 지장이 있을 수 있다고 했다.

감성적 접근을 시도한 표현

강아지를 돌보는 여인, 여인의 인터뷰, 강아지의 불쌍한 모습 등 시청자의 마음에 전달될 요소들은 있지만, 뭔가 아쉬웠다. 그래서 여인에게 강아지를 안고 창살이 있는 커다란 창가에 서 있어달라고 요청했다. 충북대학교 동물병원 복도에 T 자형으로 들어간 부분이었다. 오가는 사람이 없어 고요한 가운데 1분도 지나지 않아 강아지를 안고 쳐다보는 여인의 얼굴에 수심이 찾아들었다. 여인이 카메라를 의식하지 않는 가운데, 강아지를 안고 있는 여인의 모습을 10여 미터 떨어진 지점에서 서서히 줌 인 한 뒤 길게 홀드를 줬다. 전체 길이 15초 정도의 이 장면에 음악을 깔고 내레이션을 넣었다.

샷 1

강아지를 돌보는 여인의 모습, 커다란 창가를 배경으로 풀 샷을 잡는다.

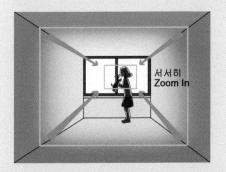

내레이션(잔잔한 음악과 함께)
수술로는 강아지를 고칠 수 없는 안타까움과 그녀의 사랑을 짧게 표현해 넣었다.

서서히 줌 인 했다가 홀드 해, 허리 이상으로 웨이스트 샷을 잡는다.

이 장소는 연출자인 필자가 충북대학교 동물병원을 둘러보다가 발견한 곳이다. 외진 곳도 아니고 언청이 강아지를 검사한 진료실 근처였다. 연출자는 주위 환경을 기본적으로 점검해야 한다. 거기에 연출자의 미적 감각이 추가되어야 한다.

여인과 강아지가 커다란 창가에 있다면, 둘의 모습은 실루엣처럼 비칠 것이다. 창가의 햇살이 강하면 둘은 검은 실루엣으로 보이고, 둘의 윤곽을 따라 햇살이 퍼져 보일 것이다. 상대적으로 햇살이 강하지 않다면, 여인과 강아지는 안정적인 실루엣을 보이며 시청자의 가슴에 좀 더 다가갈 것이다. 이 장면은 10여 분 내로 촬영을 마쳤고 그리 힘들지 않았다.

연출자는 많은 공을 들이지 않고 비교적 쉽게 자신이 원하는 것을 얻어낼 수 있는 힘을 키워야 한다. 모르는 사람들은 연출자의 능력을 말할 때 구성과 편집만 잘하면 그만이라고 생각하지만, 연출자가 갖춰야 할 능력은 그 이상이다.

똑같은 재료를 가지고 같은 음식을 만들어도 맛이 다 다르다. 그건 요리사의 손맛이 다르기 때문이다. 필자는 그것이 바로 연출자의 능력이라 생각한다. 아주 작은 것으로 전체 상황을 더 좋게 만들 수 있다.

08

감정을 자아낼 부분이라면
세밀하게 연출해야 한다

촬영 현장에서 감성적인 요소를 찾다 보면, 그 현장에서 좀 더 감정을 끌어낼 수 있다는 판단이 들 때가 있다. 그 감정이 화면에 그대로 표현될수록 시청률은 높아진다. 전문 배우가 아닌 평범한 사람들이 표현하는 진솔한 감정은 그 무엇보다도 강하고 빠르게 시청자들에게 다가간다.

감정을 불러일으키는 부분은 전체 ENG물에서 중요한 부분을 차지하는 주요 볼거리다. 이러한 주요 볼거리를 3개 정도만 확보해도 해당 ENG물의 완성도와 시청률은 높아진다. 주요 볼거리라는 감이 오면 연출자는 그것을 놓쳐서는 안 된다. 긴장하고 발 빠르게 주변을 살피며 움직여야 한다. 감정의 최대치에 이르기 위해 계단을 쌓아야 한다. 시청자에게 준비 과정 없이, 주인공이나 주요 출연자가 뜬금없이 눈물을 보여준다고 시청률이 올라가는 것은 아니다. 오히려 시청자에게 혼란을 줄 수도 있다.

다음은 필자가 연출한 아리랑TV의 〈A Plus〉(ENG+스튜디오, 60분) 8·15 특집, '조국을 잃어버린 사할린 한인들'(30분, ENG)의 한 부분이다. 장소는 러시아 사할린주의 주도(州都)

유즈노사할린스크 외곽에 있는 공동묘지다.

자동차로 공동묘지 입구로 들어갈 때까지만 해도 무심코 지나쳤다. 하지만 차창 밖으로 보이는 묘비에서 이상한 점을 발견했다. 한국과는 분명히 달랐다. 각기 다른 비석 중앙에 무언가가 보였다. 자세히 보니 얼굴 사진들이었다. 혼자서 외로이 있거나 둘이서 다정하게 찍혀 있었다. 감성적인 요소로 충분했다. 필자는 스스로를 긴장시켰다.

운전을 하며 안내를 하던 할아버지 임태환 씨(당시 72세)가 "이 구역은 한국 사람들이 모여서 묻혀 있다"라고 했을 때 말로 표현할 수 없는 감정이 필자의 가슴에 저며 들었다. 고향에 돌아가지 못하고 죽은 이들이 무심히 바라보고 있는 듯했다. 1938년부터 1945년 사이에 강제로 사할린 땅에 끌려왔던 한 맺힌 우리 선조들의 얼굴이었다. 말로만 들었고, 방송으로만 봤던 불쌍한 그분들이었다.

필자는 차에서 내려 주변을 둘러봤다. 공동묘지의 비석에는 죽은 사람이 한국인임을 알려주는 표현이 많았다. "고학생 전주 이씨 ○○○ 1936~1980년", "금봉의 벗들", "사랑하는 남편 앞" 등. 필자는 한 장면, 한 장면에 감성적인 요소가 담기도록 촬영해달라고 주문했다. 촬영하는 동안 숲속에서 까마귀가 간간히 울었다.

촬영 후 후반 작업에서 편집할 때, 필자는 이 부분이 최고의 볼거리라고 판단해 1부 클로징에 사용했다.

'조국을 잃어버린 사할린 한인들'은 30분 ENG물로, 필자는 러시아 사할린과 한국의 여러 곳을 취재했다. 일제강점기부터 현재까지 긴 시간 속에는 시청자들에게 보여주고 싶은 역사적 사실과 선조의 슬픔이 많았다. 일본은 1904년부터 1905년에 걸쳐 일어난 러일전쟁에서 승리하면서 남부 사할린을 차지했고, 1938년부터 1945년 사이에 약 15만 명의 조선인들을 조선에서 사할린으로 강제 징용으로 끌고 갔다. 1945년 8월 15일, 일본이 태평양전쟁으로 패망하면서 조선은 독립했고, 사할린은 소련군이 점령했다. 참고로 사할린은 남한만 한 면적이고 인구는 약 52만 명이다.

일본은 1947년부터 1949년 사이에 사할린에 거주하던 일본인 30만 명만 본국으로 귀국시키고, 일본이 일본인으로 취급해 강제 징용에 끌고 간 한인들은 사할린에 그대로 남겨두었다. 공산주의 이데올로기 아래 사할린 한인들은 1980년 말까지 러시아 땅에 살아야만 했다. 그사이 대부분의 강제 징용자들은 세상을 떠났다.

1990년, 사할린 동포들은 꿈에 그리던 고국 땅을 밟았다. 고르바초프 러시아 대통령이 개방정책을 펴고, 한국과 러시아가 수교를 했으며, 한국과 일본이 인도적 차원에서 사할린 동포를 지원한 것이 그 배경이다.

'조국을 잃어버린 사할린 한인들'은 2부작 형식으로 구성해, 1부를 18분으로 끝내고 스튜디오에서 MC가 받아 연결한 뒤 2부 11분으로 방송했다.

1) 방송된 1부 클로징 부분 편집 순서

촬영자에게 세세하게 주문했다.

컷 1

트래킹 유즈노사할린스크 공동묘지 정면, 멀리 입구가 보인다. 처음에 차를 타고 들어가며 트래킹 샷으로 촬영했고, 뒤에 다시 들어가면서 정확히 촬영했다.

트래킹 측면, 수풀 사이로 한국인들의 묘지가 언뜻 보인다. 다시 들어가면서 한 번 더 촬영했다. 공동묘지가 매우 넓어 촬영자에게 필요한 부분을 구체적으로 요구했다.

운전하며 안내해준 임태환 씨(72세)에게 걸어가면서 "여기는 한국 사람들이 묻힌 묘지들입니다. 이 근방은 전부가 한인들입니다"라고 말해달라고 부탁했다. 차 안에서 임태환 씨에게서 그 이야기를 들었기 때문이다. 내레이션보다는 실제 출연자가 말해줌으로써 생생한 현장감을 시청자에게 전달할 수 있다.

이 장면에서 옆으로 걸어가면서 촬영해서 다른 비석으로 간다. **이 장면에서부터 음악이 스니크 인 된다.**

스니크 인(Sneak In)
오디오 편집에서 사용하는 용어로 음악 또는 현장 음을 부드럽게 넣는 것을 의미한다.

시작점에서 비석에 있는 얼굴 사진과 비문을 동시에 보여주고 싶었다. 팬을 하자 다른 모습을 한 비석이 있었다. 그 비석에 적힌 글씨를 알려주기 위해 줌 인 했다.

원 샷으로 팬하면서 서서히 줌 인 했다. 줌 인 한 뒤 홀드 1초를 준다. 화면 사이즈가 커서 컷 6 클로즈업으로 부드럽게 넘어간다.

사랑하는 남편 앞

"사랑하는 남편 앞." 비석에 적힌 글씨를 클로즈업했다. 이 글씨를 보고 컷 5를 의도적으로 촬영한 것이다.

부부가 함께 묻힌 비석을 비춘다. 줌 인을 하면 중앙에 있는 두 사람의 얼굴이 선명하게 보인다. 러시아에서는 부부가 나란히 묻힐 수 있다. 슬픔이 더 고조될 수 있다고 판단했다.

줌 인 →

안내자인 임태환 씨가 어머니의 비석 앞에서 눈물을 훔치고 있다. **그분이 울고 난 다음, 카메라를 빨리 움직여 옆에서 촬영하게 했다. 실제로는 컷 9 다음에 촬영한 것이지만, 편집할 때는 이 부분을 먼저 넣었다. 비석 앞에서 그냥 서 있는 모습이 있었지만, 눈물을 훔치는 모습이 다음 컷과 어울린다고 생각했다.** 임태환 씨의 아버지가 사할린으로 강제 징용되자, 몇 년 후 어머니가 세 남매를 데리고 사할린으로 왔다. 하지만 함께 사는 것도 잠시뿐이었다. 아버지가 다시 일본으로 강제 징용된 것이다. 그리고 나서 다시는 만나지 못했다. 1945년 8월 15일 일본이 패전하자, 사할린에 소련군이 들어왔다. 이 장면에서 애잔한 음악을 스니크 아웃 했다.

 스니크 아웃(Sneak Out)
오디오 편집에서 사용하는 용어로 음악 또는 현장 음을 부드럽게 빼는 것을 의미한다.

임태환 씨 인터뷰.

카메라 위치를 잡고 자신의 과거를 이야기해달라고 부탁했다. 연출자는 출연자의 세세한 감정이 얼굴에 나올 수 있게 장면을 잡아야 한다.

기대 이상의 결과를 얻었다. 오랜 시간이 지났지만 임태환 씨는 과거를 회상하며 감정에 복받쳐 눈물을 흘렸다.

"어머니가 원래 삼 남매를 데리고 아버지를 찾으러 왔던 거예요. 아버지가 이중 징용에 걸려서 일본 탄광으로 가셨습니다. 그 이후 어머니가 우리를 키워주셨는데 애를 많이 쓰셨습니다. 별일을 다 하시면서 우리를 먹여 살렸습니다. 그리고 85년에 세상을 떠나버렸습니다. 전에 어머니가 그렇게 애를 쓰시면서 기다리시고 기다리시다가 우리는 언제 한국으로 갈까 ……. 어느 날은 기러기 떼가 한국으로 날아가는 것을 보고 '애들아 이것 좀 봐라. 기러기들도 한국으로 찾아가는데 우리는 언제 한국으로 가나'고 말했어요. 그렇게 살면서…… 돌아가셨어요, 85년에…….."

"전에……"부터 다시 애잔한 음악이 깔린다.

임태환 씨 얼굴을 타이트하게 잡았다. 클로징 영상으로 사용했는데, 인터뷰 배경으로 깔리던 애잔한 음악을 올리고 난 뒤 이 장면이 스틸이 잡히고 나서 2초 있다가 내린다.

임태환 씨가 서글피 울던 공동묘지 촬영 부분은 최고의 볼거리로, 시청자의 감정을 최대치로 끌어올리기 위해 1부의 클로징 장면으로 사용했다.

09

어려운 상황을 직면해도 침착해야 한다

ENG 방송 프로그램을 만들다 보면 너무나 많은 변수를 만난다. 사전에 잘 준비했던 촬영 스케줄도 작고 단순한 일 때문에 틀어지는 경우가 많다. 그렇다고 포기하고 돌아올 수 없는 것이 현실이다. 연출자는 촬영 현장에서 찬찬히 주변을 살펴야 한다. 그러다 보면 작은 해결책이 불현듯 떠오를 수도 있다. 촬영거리가 생겨 시간을 벌다 보면, 다음으로 촬영할 거리가 생길 수 있다. 엉킨 실타래를 한 줄씩 풀다 보면 기존에 생각했던 촬영 분량을 어느 정도 찍을 수 있다.

연출자가 촬영 현장을 벗어나면 모든 것이 멀어진다. 설사 해결책이 나오더라도 다시 촬영 현장으로 돌아가려면 시간이 많이 소모된다.

필자가 SBS〈순간포착 세상에 이런 일이〉의 ENG물을 연출할 때의 일이다. 경상남도 밀양 강가에 개를 묻고 무덤을 만든 뒤 비석을 세운 곳이 있었다. 얼핏 보면 사람 무덤 같았다. 한편으로는 싸늘한 느낌마저 들었다. 게다가 세상에 이런 일이 팀에 제보한 마을 이장은 제보하면 주는 VCR 플레이어에만 관심이 있었다.

서울에서 6시간을 넘게 운전을 해 찾아간 곳인데, 기대에 미치지 못한다고 개 비석

하나만 달랑 찍고 올 수는 없는 노릇이었다. 그래서 마을 이장에게 개 비석에 대한 정보를 얻기로 했다.

동네 이장과 이야기를 나누며 정보를 얻고, 주변을 찬찬히 관찰했다. 개 비석은 약 200년 전에 세워졌다고 하는데, 그 당시 개 비석이 있는 마을과 옆 마을에는 뱃길 말고는 길이 없었다고 한다. 두 마을 사이에 넘을 수 없을 정도로 높고 험한 산이 있었기 때문이다.

그런데 두 마을 출신 개 덕분에 어느 날 가파른 벼랑에 사람이 겨우 걸어 다닐 수 있는 길이 생겼다고 한다. 두 개는 서로 사랑하면서 매일 같은 길을 다녔고, 그 후로 두 개가 만든 길로 두 마을의 남녀들이 밤낮으로 몰래 왕래하면서 사랑을 나누게 됐다고 한다. 그렇게 교류를 한 두 마을 사람들은 개가 죽자 무덤을 만들고 비석을 세워, 1년에 한 번씩 제사를 지내주었다.

개 비석에 관한 이야기를 듣고 난 후 필자는 이장에게 마을 주민들을 불러달라고 부탁했다. 주민들이 모이자 간단하게 제사를 지내달라고 부탁했다. 족발과 막걸리를 비석 앞에 놓아두고 사람들이 절을 했다. 족발과 막걸리는 필자의 아이디어였다. 두 마리 개를 위한 음식으로 시청자들에게 색다르게 다가갈 것 같았다. 썰렁했던 개 비석 앞에 음식이 놓이고 사람들이 북적거리니 마침내 이야깃거리가 되었다.

10

제작진에게 카메라 동선을
정확히 전달해줘야 한다

영화나 드라마 연출을 배운 연출자가 할 수 있는 연출법이다. 배우들에게 연기의 동선을 설명하고, 동작과 대사를 어떻게 해야 하는지 세세히 알려준다. 카메라 감독, 조명 감독, 음향감독 등 제작 스태프는 이를 지켜보고 각자의 위치에서 무엇을 해야 할지 판단한 뒤 촬영에 돌입하면 신속히 행동해야 한다. 연출자는 카메라 감독 등에게 부연해서 구체적으로 지시하는 경우가 많다.

ENG 방송 프로그램에서는 배우의 움직임이 출연자의 움직임이 되고, 연기하는 배우의 움직임을 따라가는 카메라 동선이 출연자의 움직임을 따라가는 카메라 동선이 된다. 처음부터 아침방송과 같은 교양물을 제작한 연출자들은 이 연출법을 이해하지 못할 수 있다. 별개의 연출 분야라 생각하고 자신의 영역에서만 자기계발에 열중하기 때문이다. 리포터가 나와서 출연자들과 어울리는 아침방송 코너 ENG물에 영화나 드라마에서 사용하는 이 연출법을 응용하면 많은 도움이 된다. 카메라 감독과 출연자, 리포터가 이해하기 쉽게 동선과 카메라 움직임을 설명해주면 결과물에 좀 더 짜임새가 생긴다. 간단한 예로 KBS의 〈1박2일〉을 보면, 엔딩에서 연예인 출연자들이 상황에 맞게 각자의 멘트를 하다가 마지막에 "1박 2일"을 동시에 외치며 끝난다. 이와 유사한 결과물을 여러 방송 프로그램에서 볼 수 있다.

여기서 포인트는 ENG 방송 프로그램 촬영의 큰 특성을 기본적으로 이해해야 한다는 것이다. 드라마와 달리 ENG 방송 프로그램 촬영은 연출자의 지시에 따라 큰 카테고리별로 이루어진다. 촬영 장소, 주인공, 이벤트별로 대략적인 지시를 받고, 세부 상황은 카메라 감독들이 알아서 촬영한다. 현실적으로 연출자가 일일이 카메라 감독에게 전달할 수도 없다. 하지만 촬영을 하다 보면 통제가 가능한 상황이 생긴다. 관계자에게 허락된 장소 또는 연출자에 의해 임의대로 통제가 가능한 공간에서는 리포터나 출연자들에게 일반 배우처럼 지시할 수 있다. 이 경우에는 카메라의 동선이 가미된 영화나 드라마 연출법을 적용할 수 있다.

필자는 누구보다도 이른 시기에 이 방법을 사용했다. 미국 플로리다 주립대학교에서 영화실무 석사 학위(MFA: Master of Fine Art)를 받았다. 1995년 당시 MFA 학위를 받은 사람들은 주로 영화감독이나 드라마 감독 또는 관련학과 교수가 되었으나 필자는 TBC(대구방송)에 경력직 PD로 입사했다.

필자가 연출한 〈생방송 좋은 아침〉(ENG + 스튜디오, 60분)의 한 코너인 '주부체험'에서는 대구·경북 각지, 심지어 울릉도에서 10명의 주부들과 리포터에게 주제별로 체험을 하도록 했다. 이 ENG물의 길이는 보통 10분이 넘었고, 오프닝, 1~2개의 브리지(Bridge), 클로징이 필요했다. 브리지는 리포터 혼자서 할 수도 있었지만, 주부들과 호흡을 맞추며 하는 게 낫다고 생각했다. 리포터가 앞서고 주부들이 장단을 맞춰 따라 하는 식이었다. 카메라 감독, 리포터, 출연자들에게 카메라 동선과 움직임을 정확히 알려주고 연습을 시켰다. 카메라 감독, 리포터, 출연자 중 한 부분이라도 실수가 나오면 다시 촬영해야 하기에, 대체로 서너 차례 촬영을 하면 OK 샷이 나왔다.

많은 출연자들이 동원되는 이벤트 성격의 ENG물에서도 카메라 동선을 알려주는 연출법이 긴요하게 사용된다. TBC 〈생방송 좋은 아침〉 ENG 코너 중 '월요 이벤트', '가훈을 써드립니다' 등이 이벤트 성격의 프로그램이다. '주부체험'을 포함한 이 ENG 코너들을 필자가 기획·연출했다.

　필자는 다음의 말로 이 책을 마치려 한다.

진정한 연출자는
ENG 카메라 1대를 이용해
ENG 방송 프로그램을
제작할 수 있어야 한다

이 책에는 ENG 카메라 1대를 이용해 촬영하고 편집하는 법이 구체적으로 담겨 있다. ENG 카메라에는 디지털 6mm 카메라, DSLR 5D Mark 시리즈, 스마트폰이 포함된다. 촬영자가 연출까지 할 수 있으면 더욱 좋을 것이다. 혼자서 ENG 방송 프로그램을 제작할 수 있기 때문이다.

요즘 많은 방송사의 교양 프로그램이나 예능 프로그램들에서 쉽게 ENG물을 볼 수 있다. 적게는 3~4대, 많게는 10대가 넘는 ENG 카메라로 ENG물을 제작하고 있다. 투입되는 ENG 카메라의 수가 적을수록 연출자는 촬영자들에게 요구하는 게 많아지고, 촬영자 1명은 보다 넓은 범위를 맡아야 한다. 예를 들면 출연자 1명을 맡았던 ENG 카메라 1대로 출연자 2~3명을 커버하는 것으로 그 범위를 넓히는 것이다.

연출자 또는 촬영자가 카메라 1대로 ENG 방송 프로그램을 만들었던 경험이 있다면 상황에 맞게 임기응변을 더욱 잘 할 수 있다.

지은이 **김도현**

아리랑TV 부장 프로듀서
인천대학교 신문방송학과 겸임교수(디지털 영상제작 강의)
SBS(서울방송) 〈순간포착 세상에 이런 일이〉 ENG 코너 연출
TBC(대구방송) 〈생방송 좋은아침〉 연출

연세대학교 신문방송학과 졸업
미국 플로리다 주립대학교(Florida State Univ.) 대학원 영화학과(The School of Motion
Picture, TV & Recording Arts) 실무 과정 석사 학위(MFA: Master of Fine Art) 취득

스마트폰으로
ENG 방송 프로그램 만들기

ⓒ 김도현, 2018

지은이 김도현
펴낸이 김종수
펴낸곳 한울엠플러스(주)
편 집 최진희

초판 1쇄 인쇄 2018년 12월 13일
초판 1쇄 발행 2018년 12월 20일

주소 10881 경기도 파주시 광인사길 153 한울시소빌딩 3층
전화 031-955-0655
팩스 031-955-0656
홈페이지 www.hanulmplus.kr
등록번호 제406-2015-000143호

Printed in Korea
ISBN 978-89-460-6568-0 03680

* 책값은 겉표지에 표시되어 있습니다.